하나님만 바라보는 시간

예배,
하나님의 영광을 향한 뜨거운 갈망

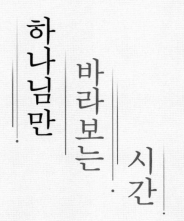

하나님만 바라보는 시간

이태재

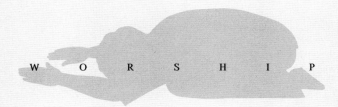

WORSHIP

규장

예배,
이 땅과 천국의 영원한 주제

썩을 양식을 위하여 일하지 말고

영생하도록 있는 양식을 위하여 하라 요 6:27

세상은 썩을 양식을 위해 살지만, 예수 그리스도를 믿어 구원을 얻은 성도는 영원토록 썩지 않는 양식을 위해 살아가지요. 이것이 우리 믿는 자들이 세상과 추구하는 삶의 가치가 다른 이유입니다.

그렇다면 "영생하도록 있는 양식"이 무엇일까요? 그중 하나가 '예배'입니다. 예배는 신앙의 기초이자, 성도가 영원토록 하나님과 교제하며 살아가는 삶의 중심이며, 성도의 존재 이유입니다.

우리가 전도하고 선교하는 궁극적 목적도 결국은 복음을 받아들인 사람을 예배자로 세우는 데 있습니다. 주님이 다시 오시는 그때, 성도가 영광스러운 부활의 몸을 입고 새 하늘과 새 땅에서 영원히 해야 할 주요한 일이 바로 보좌에 계신 하나님과 어린양께 예배하는 것입니다. 그러니 예배야말로 이 땅과 천국의 주제이지요.

이렇게 중요한 예배를 우리는 어떻게 대하고 있나요? 철학자 괴테는 《파우스트》에서 "우리는 알기 위해 눈이 멀게 되었다"라고 말합니다. 정작 중요한 본질을 깨닫지 못하고 사는 인생의 아이러니를 말한 것인데, 이것이 지금 우리의 모습은 아닌가요? 예배가 중요하다고 하지만, 정작 예배에 대해 알지 못하고, 자기 소견에 따라 예배드리지는 않나요?

제가 그런 사람이었습니다. 예수 그리스도를 믿고 구원을 받았을 뿐 아니라, 삶을 헌신하며 주의 길을 가겠다고 신학교에 갔음에도 여전히 주일예배는 제게 남겨진 숙제였지요.

그런 제게 예배를 통해 하나님을 만나는 은혜가 풀어지자, 많은 변화가 일어났습니다. 책 제목처럼 예배가 '하나님만 바라보는 시간'이 되었고, 예수 그리스도를 닮아가는 데 절대적으로 필요한 시간이 되었지요. 목마름으로 파기 시작한 '예배'라는 밭에서 숨겨진 보화를 끝도 없이 발견했습니다.

제 심장에 생명처럼 새겨진 예배에 관한 이야기를 책에 담았습니다. 가장 완벽한 때에 일하시는 하나님의 신실하심을 믿기에, 한없이 부족하지만 물고기 두 마리와 떡 다섯 개를 예수께 드리는 심정으로 이 책의 문을 엽니다.

한 개척교회의 평범한 목회자인 제게 책으로 예배에 대해 나눌 기회와 도전을 주신 규장 출판사의 여진구 대표님과 도움과 격려로 함께해 준 편집부 김아진 실장님과 관계자들에게 감사의 마음을 전합니다.

무엇보다, 이 책을 위해 기도하고 응원해 주신 순전한교회 모든 성도님과 교역자분에게 마음 깊이 감사합니다. 함께 울고 웃으며 내일이 없는 것처럼 예배했던 시간이 이 책의 초석이 되었어요. 사랑합니다.

믿음과 겸손의 자세를 가르쳐주신 어머니 우명자 권사님과 강력한 중보기도로 든든한 지원군이 되어주신 장모님 이경자 권사님, 좋은 친구 이상의 의미가 되어준 동생 양재에게도 사랑과 감사를 전합니다.

항상 격려하고 응원해 주신 권호 교수님(합신)과 임도균 교수님(침신), 평생 중보의 끈 안광호 전도사님 가정, 소중한 벗 오크밸리교회 지희규 목사, 믿음의 동역자 댈러스 뉴송교회 현지용 목사, 기도의 사람 장재기 목사, 목회의 스승 생수교회 강신영 목사님, 댈러스 한우리교회 오인균 목사님, 그리고 새로운교회 한홍 목사님께 감사의 마음을 전합니다.

끝으로, 하나님께서 주신 최고의 선물인 아내 주아와 사랑하는 딸 드림이와 드보라에게 고마움을 전합니다.

평생 변함없이 하나님의 임재 앞에 머무는 예배자이고 싶습니다. 감사합니다, 주님!

예배자 이태재

프롤로그

3부 영원을 준비하는 시간

1부

배워야 하는 시간

01 오해가 난무하는 예배

하나님을 괴롭히는 예배

내 이름을 멸시하는 제사장들아 나 만군의 여호와가 너희에게 이르
기를 아들은 그 아버지를, 종은 그 주인을 공경하나니 내가 아버지
일진대 나를 공경함이 어디 있느냐 내가 주인일진대 나를 두려워함
이 어디 있느냐 하나 너희는 이르기를 우리가 어떻게 주의 이름을 멸
시하였나이까 하는도다 말 1:6

말라기 선지자가 활동하던 시대에 하나님과 이스라엘 백성 사
이에 심한 갈등이 있었습니다. 하나님께서 이스라엘의 문제를 지
적하시는데, 백성은 오히려 뭐가 문제냐며 반문합니다. 당당해
도 너무 당당하게 말이지요. 안타깝게도 하나님의 말씀 앞에 자

신을 돌아보는 모습을 찾아볼 수 없습니다.

말라기서 1장 2절에 하나님께서는 "내가 너희를 사랑하였노라"라고 말씀하시지만, 이스라엘 백성은 "주께서 어떻게 우리를 사랑하셨나이까"라고 되묻습니다. 마치 사춘기 자녀가 부모의 사랑을 오해하고 원망하는 것처럼 하나님을 향해 "정말 우리를 사랑하긴 했었나요?"라고 하며 그분의 사랑을 부정하지요.

1장 6절로 넘어가면, 이스라엘의 영적 상태가 더 심각해졌음을 알 수 있습니다. 이 말씀은 일반 백성에게가 아니라 일평생 하나님을 섬겨야 하는 제사장들에게 하시는 말씀입니다. 하나님이 뭐라고 하시는지 보세요.

"제사장들아, 세상에서도 아들이 그 아버지를, 종이 그 주인을 공경하는데, 나를 공경함이 어디 있느냐? 나를 두려워함이 어디 있느냐?"

하나님을 건강하게 두려워하는 것을 '경외한다'라고 말하는데, 이것이 예배자의 기본자세입니다. 이는 지금 내 앞에 하나님이 계심을 바라보며 두렵고 떨리는 마음으로 예배드리는 자세지요. 그런데 일반 백성도 아니고, 하나님을 섬기는 제사장들을 향해, "도대체 너희에게 나를 경외함이 어디 있느냐"라고 묻고 계신 거예요. 얼마나 심각한 모습인가요!

제사장들은 그런 충격적인 하나님의 말씀을 듣고도 오히려 하나님 앞에 되묻습니다.

"우리가 언제 주의 이름을 멸시했습니까?"

하나님이 "너희가 나를 무시하고 있다"라고 말씀하시는데도 뭐가 문제냐며 오히려 따져 묻는 이스라엘입니다.

처음에는 우리를 사랑하기는 하셨냐고 묻더니, 하나님의 지적을 받자 "언제 우리가 주님을 멸시했습니까"라며 자신들의 예배에 문제가 없다고 전면 반박합니다.

그러자 하나님이 무엇이 문제인지를 자세히 설명해 주세요.

너희는 내 제단에 **더러운 빵**을 바치고 있다. 그러면서도 너희는, '우리가 언제 제단을 더럽혔습니까?' 하고 되묻는다. 너희는 나 주에게 아무렇게나 상을 차려주어도 된다고 생각한다. **눈먼 짐승**을 제물로 바치면서도 괜찮다는 거냐? **절뚝거리거나 병든 짐승**을 제물로 바치면서도 괜찮다는 거냐? 그런 것들을 너희 총독에게 바쳐보아라. 그가 너희를 반가워하겠느냐? 너희를 좋게 보겠느냐? 나, 만군의 주가 말한다. 말 1:7,8 새번역

"더러운 빵"이라는 표현에서 우상에게 바쳤던 빵을 하나님께 드렸음을 예상할 수 있습니다. 또한 이스라엘은 "눈먼 짐승", "절뚝거리거나 병든 짐승"을 제물로 바치고 있었어요. 원래는 흠 없는 제물을 하나님께 드리는 게 관례였습니다.

역사적으로 이스라엘이 제물로 바칠 짐승의 상태를 얼마나 철

저하게 점검했는지 모릅니다. 제물의 외형에 문제가 없는지 살펴볼 뿐 아니라 짐승의 혀의 빛깔로 내장 기관이 건강한지를 살폈고, 이상 없음을 확인하면 그제야 제물로 선정하여 바쳤습니다.

그런데 말라기 시대의 제사장들과 백성은 아무런 거리낌 없이 더럽고 병든 제물을 하나님께 드리고 있었어요. 그런 이스라엘에게 하나님이 말씀하십니다.

"너희 총독에게 나에게 하는 것처럼 해보아라. 어찌 그것을 반가워하고 좋게 보겠느냐?"

얼마나 심각했기에 이렇게 말씀하실까요. 이스라엘이 하나님께 하듯 사람들에게 하면 좋은 관계도 깨질 판국이었던 겁니다.

제사장들은 예배 준비조차 번거로워하며 코웃음을 쳤어요. 이것이 당시 이스라엘 영적 지도자들의 상태였습니다. 생각해 보세요. 예배가 번거로운 일이 되어버린 제사장들이 예배를 준비하니, 백성의 예배가 어땠을까요? 불 보듯 뻔한 일입니다.

중요한 건, 하나님이 이 모든 걸 아신다는 거예요.

만약 누군가가 나를 만날 때마다 귀찮아하고 번거로워합니다. 게다가 만나서는 내게 감사하다며 선물을 주는데 상한 음식, 저는 것, 병든 것만 계속 줍니다. 그로 인해 내 어려운 마음을 상대에게 솔직하게 표현하자, 상대는 내 말을 무시하면서 대체 뭐가 문제냐고 반문하며 자기 방식대로 만남을 유지하고자 합니다. 그 만남이 내게 어떤 의미가 될까요? 아마 끔찍하고 고통스러운 만남일 거예요.

이스라엘이 하나님께 그런 고통을 드린 거예요. 하나님을 예배한다고 하면서 사람에게 줘도 받지 않을 예배를 드린 거지요. 여기서 더 심각한 건, 뭐가 잘못되었냐고 묻는 그들의 상태입니다. 절기마다 예배했고, 하라는 대로 다 섬겼는데, 도대체 뭐가 문제냐고 따지는 이스라엘!

하나님은 그런 제사장들과 백성을 향해 어느 시대에도 하신 적이 없는 말씀을 쏟아 놓으십니다.

만군의 여호와가 이르노라 너희가 내 제단 위에 **헛되이** 불사르지 못하게 하기 위하여 **너희 중에 성전 문을 닫을 자가 있었으면 좋겠도다** 내가 너희를 기뻐하지 아니하며 너희가 손으로 드리는 것을 받지도 아니하리라 말 1:10

그들의 제사를 '헛된 불사름'이라고 말씀하세요. 제물을 죽이고 제단에 올리는 과정에서 고생은 고생대로 했는데, 그들의 예배가 헛되다고 하십니다. "헛되이"로 번역된 히브리어 '힌남'(חִנָּם)은 '값없이, 까닭 없이, 거짓으로'라는 의미를 지닙니다. 이 의미 그대로 거짓으로 이유 없이 예배를 드리는 이스라엘을 향해 하나님이 말씀하십니다.

"성전 문을 닫아다오!"

이스라엘의 역사를 보면, 하나님이 그들의 예배를 얼마나 기뻐하셨나요! 모세와 이스라엘 백성이 광야에서 하나님이 말씀하신 성막을 완성했을 때를 기억해 보세요.

구름이 회막에 덮이고 여호와의 영광이 성막에 충만하매 모세가 회막에 들어갈 수 없었으니 이는 구름이 회막 위에 덮이고 여호와의 영광이 성막에 충만함이었으며 출 40:34,35

하나님을 예배하는 성막을 만들자, 하나님이 모세보다 먼저 성막에 충만히 임하셨어요. 감히 모세가 회막에 들어갈 수 없을 정도로 회막 전체를 하나님이 채우고 계셨지요. 얼마나 좋으면 그러셨을까요! 이스라엘 백성과 만나는 예배의 자리를 그토록 좋아하셨던 하나님이 말라기에서 처음으로 충격적인 말씀을 하신 거예요.

"너희 중에 성전 문을 닫을 자가 있었으면 좋겠도다."

이스라엘은 하나님을 섬긴다고 하면서 오히려 그분을 괴롭히고 있었습니다.

하나님을 괴롭히는 예배!

그런데도 뭐가 문제냐며 반문하는 이스라엘!

과연 하나님의 충격적인 메시지를 들은 이스라엘은 돌이켰을까요? 왜 하나님은 말라기 선지자를 통해 이 같은 말씀을 하셨을까요? 제가 어렸을 때, 하루는 어머니가 제게 너무 화가 나서, "이 녀석아! 나가서 다신 들어오지 마"라고 소리쳤어요. 저는 그 말을 듣고 그대로 나갔습니다. 그랬다가 부모님에게 잡혀서 더 혼쭐이 났지요. 정말 나가라고 한 말이 아니었던 거예요. 정신 차리고 말 잘 들으라는 속뜻을 몰랐던 겁니다.

제가 아빠가 되어서 둘째 딸에게 "너 안 되겠다. 그럴 거면 집에서 나가!"라고 했더니 바로 문을 열고 나가더군요. 어찌나 저를 빼닮았는지…. 당연히 딸은 더 혼이 났지요. 부모가 되니 하나님의 마음을 조금이나마 더 헤아리게 됩니다.

변하지 않는 예배

아무런 소망이 없을 정도로 폐역하면, 하나님은 침묵하십니다. 그런 하나님이 이스라엘 백성에게 성전 문을 닫으라고 외치신 이유가 뭘까요? 이스라엘을 포기하지 않으신 거예요.

"돌아오라! 다시 예배를 새롭게 하라!"

이스라엘을 향한 하나님의 강력한 사랑의 외침인 겁니다.

하나님의 충격적인 외침을 들은 이스라엘 백성은 과연 돌이켰을까요, 아니면 여전히 자신들의 예배의 문제점을 인식조차 못한 채 그 끔찍한 관계를 하나님과 이어갔을까요?

말라기서에는 이 질문에 답이 없지만, 400년 뒤인 예수님 시대에서 그 답을 찾을 수 있습니다. 요한복음 2장을 보면, 가나의 혼인 잔치에서 물이 포도주로 변하는 기적을 보이신 예수님이 유월절이 되자, 절기를 지키시기 위해 제자들과 예루살렘 성전으로 올라가십니다. 그때 성전의 모습이 묘사됩니다. 말라기서 이후 400여 년이 지난 성전의 모습은 참혹 그 자체였지요.

> 성전 안에서 소와 양과 비둘기 파는 사람들과 돈 바꾸는 사람들이 앉아 있는 것을 보시고 노끈으로 채찍을 만드사 양이나 소를 다 성전에서 내쫓으시고 돈 바꾸는 사람들의 돈을 쏟으시며 상을 엎으시고 비둘기 파는 사람들에게 이르시되 이것을 여기서 가져가라 내 아버지의 집으로 장사하는 집을 만들지 말라 하시니 요 2:14-16

당시 예수님 시대의 유대 종교 지도자들은 예배자들이 외부에서 준비해 오는 제물을 허락하지 않았습니다. 반드시 자신들이 준비한 소와 양과 비둘기를 성전에서 사도록 했지요. 이것이 문제였습니다.

성전에서 파는 제물은 시세보다 훨씬 비싼 값을 지불하고 살 수 있었습니다. 유대 종교 지도자들은 이런 관행이 부정한 짐승을 가져오는 걸 막기 위함이라고 했지만, 실제로는 제물 판매로 엄청난 폭리를 취하고 있었지요. 성전이 종교 지도자들의 잇속을 채우는 장사 터가 되어버린 것입니다. 예수님은 이를 보시고 진노하시며 성전을 정화하십니다.

하나님은 말라기 선지자 이후 약 400년 동안 침묵하셨습니다. 그 세월이 지난 후 성전을 보니, 장사 터로 전락해 있었습니다. 이는 무엇을 의미할까요?

이스라엘 백성은 돌이키지 않았습니다. 더 무섭고 끔찍한 사실은, 그러고도 계속 예배했다는 거예요. 제사장들은 예배 준비를 번거로워했고, 백성은 하나님께 드리는 것을 계산하며 사람에게 주어서도 안 될 것을 아무 거리낌 없이 하나님께 드렸습니다. 그러면서 "우리의 예배는 문제가 없다. 하나님이 우리를 과연 사랑하기는 하시냐"라고 되물으며 하나님을 괴롭히는 예배를 변함없이 드리고 있었습니다.

번거롭지만, 드리지 않으면 안 될 것 같은 의무감만 가득한 예배가 지속된 거예요. 하나님이 성전 문을 닫으라고 하셨는데도, 내가 필요하니 열어야겠다며 예배의 문을 열고는 나의 필요를 위해 하나님을 괴롭히는 예배를 계속 드렸던 겁니다.

이쯤에서 묻고 싶습니다. 말라기 시대의 이스라엘 백성의 문제가 그들만의 문제였을까요? 오늘날 우리의 예배는 어떤가요?

지난 2020년부터 퍼진 코로나19로 대부분 교회와 성도는 온라인 예배를 드릴 수밖에 없었습니다. 질병의 문제가 해결되기 전까지 온라인 예배가 일상인 시간을 2년 넘게 보내는, 한국교회 역사상 초유의 사태가 벌어진 거지요. 다행히 지금은 어려움을 이겨내고 정상적인 예배의 장이 다시 열렸습니다.

그러나 코로나 이후 예배에 대한 시각에 적잖은 변화가 일어난 게 사실입니다. 지금 내 예배의 현주소는 어디인가요?

안 드리면 안 될 것 같아서 의무감으로 드리는 예배!
하나님이 어떠실지보다 나의 편의가 우선인 예배!
생명을 누리는 은혜의 시간이 아니라,
잠과의 싸움을 수없이 반복하는 예배!

이런 예배를 드리면서도, 아무 문제의식을 느끼지 못하는 자신이 보이지 않나요?

제가 그랬습니다. 예수님을 인격적으로 만난 후 삶을 드리기로 작정하고 신학교에 갔는데, 예배 시간이 가장 힘들었습니다. 예배를 빼먹으면 하나님께 벌 받을 것 같아 드리는 예배였지요.

그러다 보니 지각이 일상이었습니다. 더 심각했던 건, 스스로 문제의식을 느끼지 못했다는 거예요. 여전히 하나님을 사랑하고, 하나님께 삶을 드리고 있었기에 충분히 좋은 신앙생활을 하고 있다고 확신했지요. 그런 제 모습이 당신의 모습은 아닌지요?

말라기 시대의 이스라엘이 지금 우리의 모습일 수 있습니다.

그들은 예배에 문제가 있다고 말씀하시는 하나님을 향해 너무나 자신 있게 뭐가 문제냐며 되물었지요.

실제가 그렇습니다. 누가 저주받고자 예배하겠어요. 누가 망하려고 예배하겠어요. 그런 사람은 없어요. 단, 예배에 대한 오해, '이것이 예배다'라는 잘못된 확신이 그들에게 있었던 겁니다.

왜 이런 오해가 생겨난 것일까요?

예배에 관한 글문을 열면서, 먼저 그 오해의 실체와 원인을 살펴보겠습니다.

02 성경이 말씀하는 예배

W   O   R   S   H   I   P

예배의 기준

아버지께 참되게 예배하는 자들은 영과 진리로 예배할 때가 오나니 곧 이때라 아버지께서는 자기에게 이렇게 예배하는 자들을 찾으시 느니라 하나님은 영이시니 예배하는 자가 영과 진리로 예배할지니 라 요 4:23,24

야곱의 우물가, 뜨거운 광야의 태양 아래 예수님과 사마리아 여인이 마주하고 있습니다.

누가 봐도 유대인임에 분명한 예수님이 누가 봐도 사마리아 사람인 여인에게 물을 달라고 하십니다. 당시 유대인들이 사마 리아인들을 경멸하고 멸시하며 상종조차 하지 않으려 했기에, 예수님이 여인에게 말을 거는 것뿐만 아니라 물을 달라고 부탁하시는 것 자체가 그녀에게는 당황스러운 일이었을 겁니다.

그렇게 시작된 대화 속에서 예수님은 마치 이전부터 알고 계셨던 것처럼 여인의 남편 이야기를 하십니다. 다섯 번이나 이혼하고 지금도 다른 남자와 살며, 말 붙일 사람조차 없어서 한낮에 홀로 물을 길어야 하는 참혹하고도 외로운 현실을 사는 여인의 속사정을 꿰뚫어 보기라도 하듯 말씀하시지요.

자신 앞에 서 있는 사람이 하나님의 사람임을 확신한 여인은 마치 이때를 기다린 것처럼 마음 한편에 담아두었던 질문을 예수께 합니다.

우리 조상들은 이 산에서 예배하였는데 당신들의 말은 예배할 곳이 예루살렘에 있다 하더이다 요 4:20

놀랍게도 그녀의 질문은 '예배'에 관한 것이었어요. 하나님을 예배하고자 하는 여인의 갈망이 얼마나 컸는지 알 수 있지요. 아이러니하게도 예배에 관한 중요한 질문을 유대인이 아닌, 사마리아인 중에서도 가장 천한 자리에 있던 여인이 합니다.

당시 사마리아인들은 그리심 산에서 예배했고, 유대인들은 예루살렘에서 예배했기에 여인이 물은 겁니다.

"이 산에서 예배해야 합니까? 저 산에서 예배해야 합니까?"

이는 유대인과 사마리아인이 갖고 있던 예배의 기준이 무엇이었는지 알 수 있는 대목입니다. 이 여인과 사마리아인, 그리고 이스라엘 사람들이 갖고 있던 예배의 기준은 무엇이었나요? 어디서 예배해야 하는가, 바로 '장소'였어요. 이것을 '장소적 예배관'이라고 부르겠습니다.

사실, 오늘날도 많은 성도가 장소적 예배관을 갖고 있습니다. 당신이 예배를 드렸다고 여기는 기준은 무엇인가요? "주일에 예배드리셨나요"라는 질문에, "네! 예배드렸습니다"라고 자신 있게 대답하는 기준이 무엇인가요?

예배 자리에 참석하면 의심 없이 예배드렸다고 말합니다. 장소적 예배관을 갖고 있다 보니 '예배 자리에 참석했느냐, 하지 않았느냐'로 예배드림의 여부를 판단하지요.

말라기 시대의 이스라엘 백성과 제사장들도 이 장소적 예배관에 묶여 있었어요. 예배할 때가 되면 예배 자리로 나아갔기에 그들은 예배를 드렸다고 여겼습니다. 하나님께 도대체 뭐가 문제냐고 되물은 이유가 여기 있었던 거지요.

그렇다면 '예배가 예배 되게 하는 기준'은 무엇일까요?

사마리아 여인의 질문에 대한 예수님의 답변을 보겠습니다.

예수께서 이르시되 **여자여 내 말을 믿으라** 이 산에서도 말고 예루살

렘에서도 말고 너희가 아버지께 예배할 때가 이르리라 요 4:21

"여자여, 내 말을 믿으라"라고 강조하시면서, 사마리아인이 예배 처소로 삼은 그리심 산도, 유대인이 예배 장소로 삼은 예루살렘도 아니라고 하십니다. 장소는 예배의 중요한 기준이 아니라고 말씀하세요. 그렇다면 예배를 예배 되게 하는 중요한 기준은 무엇일까요?

예수님이 말씀하시는 예배의 기준을 담은 성경적 예배관을 살펴보겠습니다.

아버지께 참되게 예배하는 자들은 **영과 진리로** 예배할 때가 오나니 곧 이때라 아버지께서는 자기에게 이렇게 예배하는 자들을 찾으시느니라 하나님은 영이시니 예배하는 자가 영과 진리로 예배할지니라 요 4:23,24

당시 수많은 사람이 절기가 되고, 예배 시기가 되면 성전이 있는 예루살렘으로 찾아왔습니다. 해외에 살던 열심 있는 디아스포라 유대인들은 예배를 드리고자 먼 거리를 마다하지 않고 찾아오기까지 했지요. 장소적 예배관으로 보면, 무수한 예배자들이 존재했습니다.

그런데 하나님은 예배자가 없어서 찾고 계신다고 말씀하세요.

예배 장소에 앉아 있어도 다 하나님이 원하시는 예배자가 아닐 수 있다는 말씀이지요. 당시 수많은 사람이 예배를 삶에서 가장 중요하게 여겼음에도, 하나님이 찾으시는 예배자의 기준을 충족하지 못했다는 사실이 얼마나 충격적인가요!

영과 진리로 예배함

예수님은 예배의 두 가지 분명한 기준을 말씀하십니다.

첫째는 '영'으로 예배하는 것입니다.

헬라어 성경에서 영은 '프뉴마티'(πνεύματι)입니다. 이 단어는 '영혼, 마음, 내면'을 뜻하고, '성령'을 의미할 때 사용되기도 합니다. 영으로 예배하기 위해서는 '프뉴마티'가 갖는 두 가지 의미가 다 필요합니다.

먼저 영으로 예배한다는 건, 내면에서부터 우러나오는 '진실한 마음'으로 예배하는 것입니다. 하나님은 우리가 예배 자리에 있을 때, 무엇보다 우리의 내면을 보십니다. 아무리 멋진 옷을 입고 외모를 단장해도(외모의 단정함이 소용없다는 이야기가 아닙니다) 내면이 온전한 예배자의 모습을 잃어버렸다면 예배의 기준을 채우지 못한 거지요.

또한 영으로 예배하는 건 우리 노력만으로는 불가능합니다.

이를 위해 필요한 것이 있지요. 바로 '성령 안에서' 예배하는 것입니다.

에베소서 2장 18절은 하나님 아버지께 나아가려면 우리가 반드시 성령 안에 있어야 한다고 말씀합니다. 즉, 성령으로 말미암지 않고는 영이신 하나님께 나아갈 수 없다는 거예요. 그러므로 '성령 안에서 마음과 뜻을 다하여 드리는 예배'가 영으로 예배하는 것입니다.

둘째는 '진리'로 예배하는 것입니다.

헬라어 성경에서 진리는 '알레테이아'($\dot{\alpha}\lambda\eta\theta\epsilon\dot{\iota}\alpha$)입니다. 이 단어는 신약성경의 다른 곳에서 '복음의 진리'를 말할 때나 하나님의 말씀인 '성경'을 의미할 때 사용됩니다.

진리로 예배하는 것 또한 두 가지를 의미합니다.

먼저 진리 되신 예수 그리스도를 통해 예배하는 것입니다. 우리의 죄의 문제를 해결해 주신 예수 그리스도를 믿는 믿음이 없이는 절대 하나님의 보좌 앞으로 나아갈 수 없습니다.

또한 하나님의 말씀인 성경에서 발견되는 진리의 기준을 따라 예배하는 것입니다. 내 뜻대로 내 마음대로 예배하는 것이 아니라 하나님의 말씀을 따라 예배하는 거지요.

예수 그리스도를 믿는 믿음으로, 내 생각과 뜻이 아닌, 하나님의 말씀인 성경에서 예배에 대해 말씀한 진리를 따라 예배하는 것이 진리로 예배하는 것입니다.

결국 '영'으로 예배하는 것은 예수 그리스도를 믿음으로 말미암아 성령의 도우심을 통해 마음과 뜻과 정성을 다해 드리는 예배를 의미하며, '진리'로 예배하는 것은 내 느낌과 생각이 아닌, 오직 성경이 말씀하는 진리를 따라 순종하며 드리는 예배를 의미합니다.

엄격한 성막 예배

이때 아주 중요한 사실이 있습니다. 예수 믿고 난 후에 성령의 도우심 안에서 마음을 다해 예배하는 것은 가능하지만, 진리 안에서 예배하기 위해서는 배움이 필요합니다. 성경을 통해 예배를 배워야 하지요. 사실 이 부분은 하나님이 이스라엘 백성에게 처음으로 예배를 제시하신 때부터 강조하신 내용입니다.

하나님은 430여 년간 애굽의 종살이하던 이스라엘 백성을 출애굽 시키셨습니다. 그들은 하나님의 기적의 손길을 경험하며 홍해를 건너 시내 산에 이르렀어요. 하나님은 시내 산으로 모세를 불러올리셨고, 모세는 시내 산에서 40일 동안 금식하며 하나님과 만나고는 두 가지를 받아 내려왔습니다.

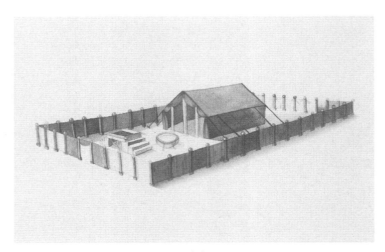

성막

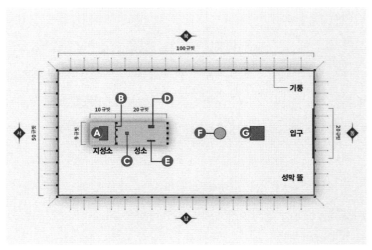

Ⓐ 언약궤 Ⓑ 휘장 Ⓒ 향 제단 Ⓓ 진설병 상 Ⓔ 등잔대 Ⓕ 놋 물동이 Ⓖ 제단

성막 평면도

하나는 하나님의 계명을 담은 십계명이고, 다른 하나는 하나님을 어떻게 예배해야 하는지에 대한 하나님의 계시를 담은 예배의 처소, 성막의 청사진이었지요.

아마도 예배에 관심이 있는 사람이라면 모세의 성막에 대해서 잘 알 것입니다. 모세의 성막은 분명한 특징이 있었습니다.

첫째, 예배 방법을 철저히 하나님께서 명령하셨다는 것입니다.

이 성막은 하나님의 작품이었어요. 성막에 관한 모든 세세한 것까지 하나님께서 설계하시고 디자인하셨지요.

성막은 가로 50미터(100규빗)에 세로 25미터(50규빗) 크기로 만들어야 했고, 입구는 언제나 동쪽을 향해야 했습니다. 성막의 모든 제구도 하나님이 말씀하신 재료로, 말씀하신 모양대로 만들어야 했지요. 예배를 드리는 제사장과 대제사장의 복장뿐 아니라 그들이 어떻게 예배드려야 하는지도 세세하게 말씀하셨습니다.

출애굽기의 절반에 달하는 내용이 성막과 관련 있을 정도로 하나님은 강조하며 가르치셨습니다. 이렇게 하나님의 뜻을 따라 만들어진 성막은 또 하나의 독특한 특징을 갖습니다.

둘째, 하나님이 계시하신 성막 예배에서 그분은 이스라엘 백성에게 절대적이고도 강력한 '순종'을 요구하십니다. 하나님의 말씀대로 예배하고 철저하게 순종하게 하셨지요. 만약 그러지 않으면 죽이셨습니다.

- 제사장들이 회막에 술을 마시고 들어가면 죽음(레 10:9).
- 지성소에 1년에 한 번 속죄일에만 들어갈 수 있는데, 아무 때나 들어가면 죽음(레 16:2).
- 제사장들이 하나님이 말씀하신 규례대로 예배하기를 어길 시 죽음(레 22:19).
- 아론과 그의 아들들만 성소 기구를 정리할 수 있음. 정리 후 세 겹으로 성소의 기물들을 덮으면, 하나님이 허락하신 고핫 자손들만 그것을 옮길 수 있음. 어길 시 죽음을 면치 못함. 고핫 자손도 성소의 기물을 직접 만지면 죽음을 면치 못함(민 4:4-6, 18-20).

하나님께서 이스라엘 백성에게 성막 예배를 가르치시면서 "만약 말씀대로 순종하지 않으면 정녕 죽으리라"라고 경고하십니다. 그리고 실제로 이스라엘 안에서 성막 예배를 잘못 드림으로 인해 끔찍한 일이 벌어집니다.

아론에게서는 나답과 아비후와 엘르아살과 이다말이 났더니 나답과 아비후는 **다른 불을 여호와 앞에 드리다가 죽었더라** 민 26:60,61

아론의 두 아들 나답과 아비후가 다른 불을 드리다가 죽습니다. 이들은 아론의 첫째와 둘째 아들이었어요. 아론에게는 얼마나 큰 충격이었을까요! 아들들이 다른 불을 가지고 하나님 앞에 나아갔다가 죽임을 당했으니 그 충격은 상상 이상이었을 겁니다.

또 그 상황을 지켜본 이스라엘 백성은 어땠을까요? 이 일 이후, 그들은 어떻게 예배했을까요? 공포에 덜덜 떨었을 겁니다.

너무나 이해하기 힘든 상황입니다. 하나님이 어떤 분인가요? 우리를 너무나 사랑하셔서 아들 예수님까지도 아끼지 않으신 분입니다.

사랑하지 아니하는 자는 하나님을 알지 못하나니 이는 하나님은 사랑이심이라 요일 4:8

"하나님은 사랑이심이라."

하나님은 사랑이세요. 사랑의 하나님이 누가 봐도 잘못했다고 할 만한 사안으로 죽음을 경고하신 게 아니라, 예배를 잘못드렸다고 "정녕 죽으리라"를 외치신 거예요.

만약 이런 상황이 우리에게 펼쳐진다고 생각해 보세요. 아마 매주 주보의 첫 장 상단과 교회 입구 전광판에 숫자가 크게 표기될 거예요. 지난주에 예배 잘못 드려서 죽어 나간 사람을 계수한 숫자 말입니다.

예배드리는 성도는 어떨까요? 한 가족이 예배드리기 한참 전

새벽부터 일어나서 목욕재계하고, 함께 몇 시간을 회개 기도를 하고, 출발하면서 아버지가 이렇게 말하지 않을까요?

"우리 살아서 만나자!"

그리고 예배가 시작되면 여기저기서 툭툭 쓰러지는 사람이 보이겠지요. 영과 진리로 예배하지 않아 죽어 나가는 사람들. 예배 후엔 서로의 생사를 확인하느라 교회 앞은 아수라장이 될 겁니다. 이 정도면 '공포스러운 예배'라고 불릴 거예요.

실제로 이스라엘 백성이 경험한 성막 예배가 그랬습니다. 예배를 드리다가 죽어 나오는 일, 성막을 옮기는 과정에서 호기심에 만지지 말아야 할 것을 만진 사람이 죽음을 면치 못하는 일이 벌어졌지요.

그러니 당시 이스라엘 백성이 체감하는 예배는 어떤 시간이었겠어요? 당연히 이런 질문이 나왔을 겁니다.

"도대체 사랑의 하나님이 왜 이런 예배를 요구하시는가?"

왜 하나님이 사람을 죽여가며 예배를 제대로 드리라고 명령하시고, 그 예배를 받으신 걸까요?

하나님을 예배한다는 것의 의미

저도 이 질문 앞에서 참 많은 씨름을 했습니다. 사람들에게 물어도 보고, 책도 찾아보았는데 명확한 답을 찾을 수가 없더군요. 그런데 하나님의 성품을 묵상하는 시간을 통해 그 답을 찾을 수 있었습니다.

이해할 수 없는 하나님을 말씀 속에서 대할 때, 잊지 말아야 하는 절대 진리가 있습니다. '하나님은 선하신 분', '하나님은 사랑의 하나님'이시라는 사실이에요. 하나님이 우리를 너무나 사랑하셔서 하나뿐인 아들 예수님을 이 땅에 보내셨음을 잊어서는 안 됩니다. 그럴 때, 이처럼 이해하기 힘든 부분도 이해할 힘이 생깁니다.

예를 들어보겠습니다. 제가 젊은 시절부터 알고 지내던 한 사람이 있습니다. 저는 그와 공동생활을 했고, 이후에도 계속 알고 지낸 시간을 통해 그에 대한 깊은 신뢰가 있어요. 그는 누구든 함부로 판단하거나 비난하는 법이 없어요. 어떻게든 품고 이해하며 사랑하려고 해요. 그래서 그가 누군가를 '좋은 사람'이라고 말하면, 그 때문에라도 만나보지 못한 누군가에게 신뢰가 가요. 간혹 그가 어떤 사람에게 문제가 있다고 말하면, 자연스럽게 '저 사람은 얼마나 문제가 많을까' 하는 생각이 들지요. 왜냐하면 그에 대한 신뢰가 크기 때문이에요.

이 관점으로 이 문제를 살펴볼게요.

하나님은 선하십니다. 사랑이세요. 너무나 좋으신 분이세요. 이것은 제가 삶 속에서 깊이 체험한 진리입니다. 이 믿음의 시선이 분명하다면, 이런 질문이 생기지요.

'그렇게 선하신 하나님이 예배 때문에 사람을 죽이신다면, 도대체 예배가 얼마나 중요하단 말인가?'

문제에 접근하는 시선 자체가 달라집니다. 사랑의 하나님이 이스라엘 백성을 죽이시면서까지 말씀을 따라 순종하는 예배를 명하셨다면, 하나님의 백성에게 예배는 사람의 목숨 이상의 가치가 있는 것입니다.

만약 이런 말씀을 대하면서, '예배 때문에 사람을 죽이시다니'라는 생각에 시험이 든다면, 이 또한 우리가 예배의 가치를 너무 평가절하하는 것일 수 있습니다.

예배는 우리가 생각하는 것보다 훨씬 더 중요한 하나님나라의 핵심입니다. 그래서 예배를 아무렇게나 드리면 안 되는 거예요.

이스라엘 백성이 어디서 종살이했나요? 애굽에서 종살이했습니다. 그곳에서 몇 년 동안 지냈나요? 약 430년 동안 종살이하며 지냈습니다. 그렇게 오랜 기간 머물던 애굽은 어떤 땅이었나요? 범신론의 땅이었습니다. 풍요와 다산을 위해 세상 모든 것을 신으로 섬기는 나라였습니다.

고대 그리스 신화에 나오는 다양한 신들의 기원을 애굽에서 찾을 수 있을 정도로, 애굽에는 이미 창조의 신부터 시작해서 수많은 신이 존재하고 있었어요.

출애굽 전에 하나님이 모세를 통해 애굽에 내리신 열 가지 재앙은 모두 애굽의 우상과 관련이 있었어요. 그들은 개구리, 이, 황소, 파리, 메뚜기, 흑암, 나일강, 해와 달, 심지어 악성 종기까지도 신으로 모시고 섬겼습니다.

그런 곳에서 이스라엘 사람들이 약 430년간 종살이를 한 거예요. 그 긴 시간을 애굽 사람들의 노예로 산 거지요. 수많은 신전에서 제사가 진행될 때, 그 제반 사항을 누가 준비했을까요? 노예였던 이스라엘 백성이 도맡았을 거예요.

그런 삶을 수백 년간 살아온 이스라엘 백성에게 "하나님을 예배하라"라고 하면 어떻게 예배할까요? 이 질문에 대한 답은 모세가 하나님의 부르심을 받아 시내 산에 올라가 40일을 머무는 동안 이스라엘 백성이 한 행동에서 찾을 수 있습니다.

산 아래에서 기다리던 이스라엘 백성이 아론에게 몰려가 불안한 마음을 호소합니다. 그러자 아론이 끔찍한 일을 벌이는데, 백성의 금 장신구를 모아서 금송아지 우상을 만듭니다. 이때 이스라엘 백성이 우상을 향해 뭐라고 말하는지 보세요.

아론이 그들의 손에서 금 고리를 받아 부어서 조각칼로 새겨 송아지 형상을 만드니 그들이 말하되 이스라엘아 이는 너희를 애굽 땅에서 인도하여 낸 너희의 신이로다 하는지라 출 32:4

황금송아지가 그들을 '애굽에서 인도해 낸 신'이라고 말합니다. 잘 보세요. '우상'이라고 하지 않아요. 아니, 이스라엘 백성에게는 우상이라는 개념조차 없었던 것이 분명합니다. 이들은 애굽 사람들과 신앙관이 같았어요. 모세가 시내 산으로 올라가서 만나는 하나님도 하나님이고, 지금 자기들이 만들어낸 황금송아지도 하나님이라고 말합니다.

이스라엘 백성은 하나님의 사람 모세가 보이지 않아 불안한 나머지 그들을 지켜줄 하나님을 다시 모셔 오자고 하며 황금송아지 우상을 세운 거예요. 그들이 하는 행동을 보면, '하나님은 한 분'이라는 개념 자체가 없습니다.

십계명을 보면, 하나님이 한 분이시라는 사실을 무척이나 강조합니다. 왜 그랬을까요? 온갖 신을 다 만들어 섬기는 애굽에서 430여 년을 살아온 이스라엘 백성에게 '유일하신 하나님'의 개념이 없었기 때문이에요. 하나님은 애굽 사람들이 섬기는 신들은 다 유일하신 창조주 하나님의 창조물이지, 신이 아니라는 사실을 돌판에 새기듯 이스라엘 백성의 마음판에 새기시기 위해 십계명과 하나님의 말씀을 전달하신 겁니다.

황금송아지를 만들어 섬긴 이스라엘 백성은 아직 하나님에 대해서 잘 몰랐어요. 그들은 애굽에서 태어나 애굽의 수많은 제사를 지켜보고 참여하며 살았습니다. 그런 그들에게 예배를 드리라고 하면, 어떤 예배를 드릴까요? 애굽에서 우상 섬기듯 예배드렸겠지요. 황금송아지 우상을 만들어서 섬기는 것처럼 말입니다.

하나님이 왜 그토록 철저하게 이스라엘 백성에게 모세의 성막을 통해 예배를 가르치셨을까요? 죽음이 오가는 상황으로까지 이끄시면서요. 이스라엘 백성은 앞으로 하나님의 군사가 되어 약속의 땅 가나안을 점령하고, 그곳에서 정착하고 성장하며 온 세상의 축복의 통로가 되어 하나님나라를 이뤄가야 했습니다. 그러기 위해 가장 기초가 되면서도 중요한 것이 온전한 예배자로서는 것이었지요.

40년 광야 생활을 통해서도 하나님이 주로 무엇을 훈련하셨나요? '예배'와 '순종'입니다. 철저하게 예배를 가르치시고 또 가르치시며 그들의 삶에 예배가 새겨지게 하셨어요. 사람의 죽음까지도 감수하시며, 예배가 얼마나 중요한지, 예배를 얼마나 온전하게 드려야 하는지를 가르치셨지요.

애굽에서 살던 이스라엘 백성이 하나님의 군사, 하나님의 백성으로 서는 과정에서 예배는 반드시 배워야 하는 영역이었습니다.

예배, 천국의 주제

저는 유교 집안에서 태어나 자랐어요. 어린 시절, 명절이 되거나 돌아가신 집안 어른들의 기일이 돌아오면 아버지 고향으로 가서 제사를 지냈는데, 최소 서너 군데를 다녀야 했지요.

성묘도 집안 선산을 샅샅이 돌아다니며 기억하기도 힘든 수 많은 집안 어른의 묫자리를 외우며 그 앞에서 절하는 게 일이었 습니다. 마지막에 꼭 가는 곳이 있었는데, 선산 암자에 지어놓은 작은 불당 같은 곳이었어요. 집안의 여성 어른 몇 분이 보살이 되 어 여생을 제사 지내며 살고 있었지요. 그곳에 들러서 그들의 덕 담을 듣고 내려왔습니다.

제사가 시작될 때면, 조상님들 들어오시는데 문이 닫혀 있거 나 빨래를 널어둔 것 때문에 마음이 상해서 돌아가실까 봐, 문도 열어두고 빨래도 널지 않았습니다. 제사 도중에 집안 어르신이 "잠시 뒤돌아라"라고 하시면, 다 같이 뒤돌아 서 있었지요. 조상 님들 식사하시는데 쳐다보면 무안해하신다는 이유로요. 때마다 드리는 제사에서 저는 조용히 시키는 대로만 했어요.

그러다가 어떤 일이 계기가 되어 어머니의 권유로 온 가족이 교회에 출석하기 시작했습니다. 저는 모든 게 생소했지만, 교회 예배에 무리 없이 적응할 수 있었어요. 왜냐하면 제사 지내듯이 예배했거든요.

다만 교회 예배에는 복병이 있었는데, 바로 설교 시간이었습니 다. 제사는 길어야 20분 안에 끝나는데, 교회 예배는 1시간을 훌 쩍 넘기더군요. 제가 판단하기에, 긴 예배의 주범(?)은 목사님의 설교라는 생각이 들었어요. 그래서 설교가 시작되면 마음속으로 세계여행을 하기 시작했습니다. 한참 여행하고 정신을 차렸는데,

목사님이 아직도 "셋째는~!" 하고 말씀하시면 앞이 캄캄했지요. 그래도 버틸 수 있었어요. 제사 지내던 것처럼 그저 시키는 대로 조용히 있으면 됐으니까요.

이후 예수님을 인격적으로 만났는데도, '예배'가 여전히 복병이었어요. 예배만 빨리 드리고 나면, 그 후의 교회 활동은 다 좋았어요. 특히 주일예배가 그랬습니다. 부끄러운 이야기지만, 신학교에 들어가서도 예배에 대한 어려움은 여전했어요. 주일예배에 지각하기 일쑤였고요. 그런데 예배를 마치고 나면, 그때부터 생기가 돌기 시작했던 것 같아요.

예배에서 은혜를 받지 못하니, 신앙생활에 부작용이 생겼어요. 특별집회를 찾아다니기 시작한 거예요. 뜨거운 찬양집회나 부흥 집회 혹은 영성 캠프가 있으면 가서 은혜받고, 그때 받은 은혜의 감격으로 교회를 섬겼습니다. 그러다가 지치면 다시 '집회 찾아다니기'를 반복했어요. 제가 은혜받는 예배가 따로 있었던 거예요.

'집회 중독'이라고까지 말할 정도로 예배는 제 기호식품이나 마찬가지였지요. 그러다가 문제가 찾아왔습니다. 바로 군 입대였어요. 신병일 때는 예배당에만 가도 눈물이 났는데, 시간이 지나면서 점차 과거 예배의 문제점이 고스란히 다시 나타났습니다. 집회에 갈 수 없으니, 은혜의 통로가 막혀버렸지요. 다시 말하지만, 당시 저는 신학생이었습니다.

그러던 중 군대에서 주일예배를 드리는데, 목사님이 설교 중에 충격적인 말씀을 하셨습니다.

"예배는 천국의 영원한 주제입니다. 천국에서 우리가 영원토록 할 일이 바로 예배입니다!"

'천국의 주제가 예배라고? 지금 1시간 예배드리는 것도 쉽지 않은데, 하나님나라에서는 예배를 영원토록 드려야 한다고? 그러면 내게는 천국이 천국이 아닐 수 있겠다….'

그날 이후, 제 머릿속에서 예배에 대한 고민이 떠나지 않았습니다.

'천국은 하나님 안에서 가장 좋은 것들이 펼쳐지는 곳일 테고, 그 천국의 주제가 예배라면, 예배는 좋은 것들 중의 최고임이 분명한데, 지금 내게 예배는 무엇인가?'

이 질문이 저를 채우기 시작했고, 현실도 보였습니다.

'앞으로 목회자가 되어 가장 많이 섬기게 될 것이 예배일 텐데… 지금 상태로 목회의 길을 어떻게 감당하지?'

성경에서 예배를 배우다

자신을 바라보면서 무언가 잘못돼도 한참 잘못됐다는 생각이 들었습니다. 그래서 결심했지요. 부모님에게 시중에 나온 예배

관련 책을 구매해서 군 부대로 보내달라고 부탁했습니다. 다행히 복무하던 곳이 공부할 여유가 있어서 소포로 받은 책들을 읽으며 예배에 관해 공부하기 시작했지요.

검은 펜으로는 책의 내용을 요약했고, 파란 펜으로는 언급되는 성경 구절들을 적었어요. 그리고 빨간 펜으로는 제가 도전받은 내용을 정리했습니다. 이 과정에서 얼마나 놀랐는지 모릅니다. 성경은 예배가 얼마나 중요한지, 예배를 어떻게 드려야 하는지를 매우 구체적으로 강조하며 말씀하고 있더라고요.

제가 몰라서 예배의 참맛을 못 누리고 살았던 거예요. 예배는 내가 받는 시간이 아니라, 하나님께 드리는 시간이라는 개념부터 정리되었습니다. 배우고, 깨닫고, 말씀 안에서 예배의 참뜻을 발견하자, 제가 달라지기 시작했어요.

생각해 보니 처음 교회에 갔을 때, 왜 예배를 드려야 하는지, 왜 찬양을 부르고, 설교를 듣고, 헌금을 해야 하는지 가르쳐준 사람이 아무도 없었어요. 그러니 제 소견에 옳은 대로 예배했습니다. 제사 지내듯 나름의 생각으로 내 원함을 하나님께 구하고 얻는 시간으로 여기며 예배드렸던 거예요.

그런데 그게 저만의 문제가 아니더군요. 너무나 많은 성도가 예배드릴 때 저와 같은 문제를 갖고 있었어요. 그러니 다들 자기 소견에 옳은 대로 예배를 드렸지요.

'예배 보러' 간다고 하고, 예배를 '목사님 말씀 듣는 시간'으로 여기고, 찬양은 예배가 아니고 설교부터가 예배라고 생각하고, 자신의 기호와 원함대로 예배를 정의하며 예배하는 거예요.

누구라도 배우지 않으면 그렇게 예배할 수밖에 없습니다. 그래서 교회는 반드시 성도에게 예배를 가르쳐야 하지요.

예배를 주신 분이 하나님이세요. 그분께로 가는 길을 우리는 알 수 없어요. 하나님께서 우리에게 하나님을 만날 수 있는 길을 제시해 주셔야만 가능한 것이 예배입니다.

예배는 하나님의 관점에서 디자인되었습니다. 우리는 말씀 안에서 예배를 배우며 예배드려야 해요. 진리 안에서 드리는 예배가 세워져야 합니다.

아무도 예배를 가르쳐주지 않았다고 한탄하는 것도 옳지 않아요. 저는 예배가 무엇인지를 배우고 알게 되는 시간 가운데, 하나님께 한없이 죄송한 마음이 들었어요.

제가 아내와 첫 데이트를 할 때, 첫 질문이 이거였어요.

"자매님, 음식은 뭐 좋아해요?"

떡볶이를 좋아한다고 하더라고요. 전도사의 주머니 사정상 비싼 음식이면 힘든데, 떡볶이라면 얼마든지 사줄 수 있겠다 싶어서 감사했습니다. 그리고 나서 제가 또 물었어요.

"또 뭐 좋아해요?"

이후에도 계속 물었습니다. 아내가 좋아하는 것을요. 사랑하

는 사람과 설레는 마음으로 함께하는 자리에서 저의 어떠함보다
는 상대의 어떠함에 더 마음이 가더라고요.

그런데 하나님과의 만남인 예배 자리에서는 어땠는지를 생각
해 보니, 부끄럽기만 한 거예요. 예배에 대해 알아갈수록 가슴을
치며 회개하지 않을 수 없었습니다. 제가 너무나 이기적이더라고
요. 하나님이 무얼 좋아하시고, 무얼 원하시는지는 관심도 없고
여쭤본 적도 없었어요. 언제나 내가 필요한 것, 내가 원하는 것
을 쏟아놓기만 했습니다.

내 백성이 **지식이 없으므로** 망하는도다 네가 **지식을 버렸으니** 나
도 너를 버려 내 제사장이 되지 못하게 할 것이요 네가 네 하나님의
율법을 잊었으니 나도 네 자녀들을 잊어버리리라 호 4:6

제사장이 하나님을 예배하는 지식이 없으면 망합니다. 베드로
전서 2장 9절을 보니, 예수 그리스도를 믿어 구원받은 모든 성도
를 향해 "왕 같은 제사장들"이라고 말씀합니다. 그러니 우리 모
두 하나님을 섬기는 제사장이 된 거예요. 그런 우리가 하나님을
향한 지식과 예배에 대한 지식이 없다면, 어떻게 제사장으로서
예배 자리를 섬길 수 있겠어요.

모세와 함께하던 이스라엘 백성들의 예배에서만 끔찍한 일이
벌어진 게 아닙니다. 오늘날도 같은 일이 벌어집니다. 이상한 일

이 벌어져요. 예배를 드리다가 시험 들고, 낙심하고, 실망하고, 분이 풀리지 않고, 원망이 해결되지 않는 등 영적으로 죽어가는 일이 일어납니다.

힘써 하나님을 알고, 예배를 알아야 해요.
하나님께 초점을 맞추는 시선의 교정이 필요하지요.
그분이 무얼 원하시고 기뻐하시는지를
우리에게 메시지를 보내어 상세하게 알려주셨습니다.
바로 '성경'을 통해서요.

이제 우리가 그 사랑의 메시지를 펼쳐볼 시간입니다. 예배란 무엇인지, 누구를 위한 것인지, 어떻게 드려야 하는지 등을 성경에서 배우며, 영과 진리로 예배하는 자로 바로 서길 원합니다.

03 Worship: 최고의 가치에 합당한 영광을

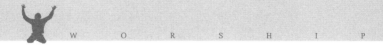

예배로 누리는 풍성한 은혜

여호와께 그의 이름에 합당한 영광을 돌리며 거룩한 옷을 입고 여호
와께 예배할지어다 시 29:2

저는 고등학교 2학년 여름 수련회에서 예수님을 뜨겁게 만났
습니다. 이후 분명한 사명을 받아 신학교에 입학했지만, 여전히
해결되지 않는 문제가 있었지요.

군대 전역을 앞두고 겨우 예배에 눈을 떴지만, 그 상태로는 목
회의 길을 제대로 걸어갈 수 없겠다는 위기의식을 느꼈습니다.
돌아보니, 하나님이 주신 부담이었던 것 같아요.

전역 후, 고민 끝에 예수전도단의 제자훈련 프로그램인 DTS

(Discipleship Training School, 예수제자훈련학교)에 지원했습니다. 당시 DTS를 진행하는 학교가 몇 군데 있었는데, 저는 강원도 홍천 DTS에 지원했어요.

이유는 단 하나, 힘들지만 은혜가 크다는 소문 때문이었습니다. 더 분명한 인생의 전환점이 필요했거든요. 제 삶 전체가 다시 새롭게 되는 은혜 말이에요. 무엇보다도 하나님을 더 알고 싶은 목마름이 컸습니다. 그런 마음으로 1999년 가을, 홍천으로 향했습니다.

홍천의 가을은 겨울 같았어요. 학교는 '홍천군 내면 자운리'라는 난생처음 들어보는 마을의 깊은 산속에 있었습니다. 한국 전쟁 당시, 그 마을 사람들은 전쟁이 일어난 것도 몰랐을 정도로 사방이 아주 험준한 산지로 덮인 요새와도 같은 곳이었지요.

더 충격적인 건 학교 시설이었습니다. 판자로 만든 기숙사와 청기와 벽돌로 지어진 강의실과 식당, 그리고 숙소에서 한참을 내려가야 있는 세면실 등을 보고, 전역한 지 얼마 지나지 않았음에도 매우 당혹스러웠습니다.

가장 놀랐던 건, 열악하기 그지없는 재래식 화장실이었어요. 정기적으로 모든 학생이 모여 화장실 청소를 해야 했고, 이를 위해 '특별 바가지'가 갖춰져 있었습니다. 태어나서 처음 보는 바가지여서 얼마나 놀랐는지 모릅니다.

그런데도 홍천에서의 시간은 하나님의 은혜와 사랑으로 가득

했습니다. 제가 바라고 소망한 것보다 더 놀랍게 하나님께서 저를 만나주셨고, 인생의 진정한 전환기를 맞게 해주셨지요.

그곳에서 가장 의미 있게 다가온 시간이 바로 '예배'였습니다. 아침마다 1시간씩 예배를 드렸는데, 악기는 통기타 한 대가 전부였어요. 부족한 것이 많음에도 전혀 부족하지 않은, 오히려 넘치는 예배였습니다. 예배에 관해 배우고, 매일 아침 드리는 예배에 적용하면서 실로 풍성한 은혜를 누렸습니다.

그곳에서 드린 예배는 하나님께만 집중하는 예배였어요. 하나님을 더 섬겨드리고 싶고, 온전하게 예배하며 영광 돌리고 싶은 마음의 열정을 쏟아내는 시간이었습니다.

진정한 예배를 드리기 시작하자, 제 안의 많은 부분이 정리되었습니다. 제가 하나님을 섬겨드리기 위해 예배자로 서자, 그분이 베푸시는 은혜가 예배 가운데 풍성하게 펼쳐졌지요. 그때 비로소 '예배는 하나님을 온전하게 섬겨드리는 시간'이라는 사실이 머리에서 가슴으로 내려오는 은혜를 경험했습니다.

Worship의 의미

성경에서 "예배"로 번역된 히브리어와 헬라어 단어를 살펴보면 같은 의미임을 알 수 있습니다. '경외하며 엎드려 절하다', '종이 주인에게 엎드려 입 맞추다', '종이 주인을 섬기다'라는 뜻을 가진 단어가 예배를 표현하는 데 사용되었지요.

'섬김'의 의미를 강조하기 위해 '주인과 종'의 관계로 예배를 표현한 거예요. 종이 주인을 섬길 때, 누가 편한 자리에 앉나요? 종이 아니에요. 종의 섬김으로 인해 주인이 편한 자리에 앉지요. 이처럼 우리가 하나님께 최상의 서비스를 제공해 드리는 시간, 하나님을 만족시켜 드리는 시간이 바로 예배입니다.

그런데 실상은 어떤가요? 예배자인 우리가 오히려 쉬려 하고, 하나님께 다양한 서비스를 요구합니다. 전 세계에 수많은 종교가 있지만, 예배 때 예배자들이 쉬려는 태도를 취하는 종교는 기독교가 유일하지 않을까 싶어요.

함부로 평가하기는 조심스럽지만, 특히 우리나라 크리스천에게 이런 태도가 일반화되어 있는 것 같습니다. '나에게 특화된 서비스'가 갖춰진 예배를 찾는 경향이요. 이 얼마나 아이러니한 일인가요. 예배를 받으시는 유일한 주인공은 하나님이신데, 섬겨야 하는 예배자가 오히려 섬김을 받으려는 상황이 펼쳐지는 겁니다. 하나님께서 우리에게 서비스를 제공해 주시기를 기대하며 나아가는 예배! 우리가 그렇게 예배하고 있는 거예요.

우리는 중요한 것을 모르는 사람들이 아닙니다. 내가 생각하기에 소중하고 중요하면, 반드시 내 몸도 섬기게 됩니다.

예수님은 마태복음 6장 21절에서, "네 보물 있는 그곳에는 네 마음도 있느니라"라고 말씀하셨어요. 실제로 그렇지요. 마음이 있으면 소중한 것이 함께하게 되어 있습니다.

회사에서 중요한 만남이 있으면 먼저 가서 준비하고 접대하잖아요. '접대'란 손님을 섬기며 대접하는 것입니다. 접대의 기본은 무엇인가요? 섬겨야 할 대상이 무엇을 좋아하고, 어떤 음식을 좋아하는지를 아는 것, 즉 상대의 기호를 파악하는 것입니다. 중요하다고 여기면 먼저 접대하기 마련입니다.

성경에서 "예배"로 번역되는 단어들의 뜻을 합쳐보면, 결국 이런 의미입니다.

마음은 하나님을 경외하고, 몸은 성경의 가르침을 따라
하나님을 섬기며 나아가는 시간!

하나님이 얼마나 소중한 분인지를 마음이 알게 되니, 당연히 그분이 무얼 좋아하시는지를 성경을 통해 파악하고, 성경의 가르침에 따라 그분을 섬기며 나아가게 됩니다.

즉, 진정한 섬김은 마음 깊은 곳에서부터 우러나오는 상대를 향한 사랑과 존경이 있어야 온전히 이룰 수 있습니다. 예배도 마찬가지예요. 잘 섬겨야 한다는 말로 예배를 강요하면 생명 없는 전통이 되어버립니다.

더 중요한 건, 우리의 찬양과 경배를 받기 합당하신 하나님을 전인격으로 경험하는 겁니다. 그러면 하나님을 향한 온전한 섬김이 자연스럽게 따라옵니다.

이 부분을 더 명확하게 이해하도록 돕는 예배의 정의가 있습니다. 바로 'Worship'이라는 영어 단어가 가진 예배의 의미를 이해하는 겁니다. 실제로 제가 예배를 배울 때, 가장 많이 언급된 단어가 'Worship'이었어요.

예배의 의미로 가장 많이 쓰이는 영어 Worship은 고대 영어 'weorth'와 'scipe'라는 두 단어에서 유래되었지요. weorth는 '가치' 또는 '존경'이라는 뜻이고, scipe는 '상태'나 '조건', '자질' 또는 '관계'를 의미합니다. 그래서 어원적 의미로 보면, '가치 있는 것을 존경하는 태도' 또는 '존경할 만한 것을 존경하는 행위'로 해석할 수 있어요.

그래서 Worship이라는 단어로 예배를 정의하면, 예배란 '최고의 가치를 만나 그 가치에 합당하게 섬기는 것'이라고 말할 수 있습니다.

아주 단순한 예를 들어볼게요. 교회 예배를 마치고 돌아갈 때, 성도에게 주먹만 한 돌덩이를 나눠준다면 아마 다 버리고 갈 거예요. 그런데 좁쌀만 한 다이아몬드를 나눠준다면, 교회가 금세 수많은 사람으로 가득 차겠지요. 좁쌀만 한 다이아몬드를 집에 가면서 버리는 사람은 아무도 없을 거예요. 왜죠? 가치를 알기 때문이지요.

마찬가지로, 어떻게 하나님을 마음으로 경외하고 사랑하면서 온몸으로 그분을 섬기며 나아가지 않을 수 있을까요! 이를 위해 무엇보다 필요한 건 하나님을 만나는 거예요. 그분을 인생의 최고 가치로 만나면, 예배 태도가 저절로 달라집니다. 누가 뭐라 하지 않아도 Worship이 일어나지요.

처음 예배

Worship이 가진 의미 안에서 보면, 예배란 온 세상에서 가장 가치 있으신 하나님을 만난 우리가 그분의 가치에 합당하게 섬겨드리는 시간입니다.

영어 성경에서 "Worship"이라는 단어가 처음 등장하는 대목이 어디일까요? 창세기 22장입니다. 하나님께서 아브라함에게 충격적인 테스트를 하십니다.

그 일 후에 하나님이 아브라함을 시험하시려고 그를 부르시되 아브라함아 하시니 그가 이르되 내가 여기 있나이다 여호와께서 이르시되 **네 아들 네 사랑하는 독자 이삭**을 데리고 모리아 땅으로 가서 내가 네게 일러준 한 산 거기서 그를 번제로 드리라 창 22:1,2

아브라함이 100세에 얻은 사랑하는 아들 이삭을 모리아 산에서 하나님께 번제로 바치라고 명령하세요. 얼마나 당혹스러운 명령인가요! 100세에 기적적으로 주신 아들 이삭을 번제물로 바치라니요. 아니, 주실 때는 언제고, 다시 번제로 바치라니요. 참으로 불가한 명령이에요.

당시 가나안 지역의 우상숭배에서나 보이던 끔찍한 인신 제사를 하나님께서 원하신다니, 아브라함이 얼마나 놀랐겠어요. 하나님의 명령이 아주 잔인하게 들렸을 거예요. 이삭이 어떤 아들인지 분명하고 세세하게 말씀하시며 번제를 요구하셨으니까요.

"네 아들, 네 사랑하는 독자 이삭."

아브라함 입장에선 자기 생명보다 귀한 아들을 하나님께서 번제로 달라고 하신 거예요.

그때 아브라함이 어떤 결정을 하나요? 그가 아침 일찍 일어납니다. 나귀에 안장을 지우고 하인 둘과 아들 이삭을 데리고 번제에 쓸 나무를 쪼개어 준비하고는 하나님이 명령하신 모리아 지역의 산으로 향합니다.

아브라함이 있던 곳에서 모리아 지역까지 사흘이 소요되었을 것으로 추정해요. 사흘 동안 걸어가면서 그의 마음이 어땠을까요? 사랑하는 아들이 끊임없이 말을 걸어오지 않았을까요? 아마 아브라함은 쉽게 입을 열지 못했을 거예요. 그래도 그는 모리아로 향하는 걸음을 멈추지 않았습니다.

사흘 만에 모리아 산이 눈에 보였습니다. 이때 종들은 의아했을 거예요. 분명히 번제를 드리러 가는데 여느 때와 달리 제물이 없었기 때문이지요. 그러자 아브라함이 종들에게 말했습니다.

이에 아브라함이 종들에게 이르되 너희는 나귀와 함께 여기서 기다리라 내가 아이와 함께 저기 가서 **예배하고** 우리가 너희에게로 돌아오리라 하고 창 22:5

"내가 아이와 함께 저기 가서 예배하고."

아들 이삭을 하나님께 번제물로 드리는 것을 아브라함은 '예배'라고 말합니다. 여기에 사용된 단어가 바로 Worship이에요. 성경에서 창세기 22장 5절에 처음으로 사용됩니다. 가인의 예배, 노아의 예배, 멜기세덱의 예배, 그리고 아브라함의 이전 예배 장면이 있었음에도 Worship은 여기에 처음 등장합니다.

그 타이밍이 참으로 놀라워요. 창세기 22장 5절이 Worship의 의미를 가장 잘 풀어서 말해줍니다. 아브라함이 종들에게 "내가 아들 이삭과 함께 저 모리아 산으로 올라가서 하나님께 Worship 하고 오겠다"라고 말해요.

처음에 아브라함은 하나님을 잘 몰랐습니다. 그저 전능자의 손에 이끌려 믿음으로 가나안까지 오게 됐지만, 하나님 앞에서 얼마나 많은 실수를 했는지 모릅니다. 그런데 그가 기근을 피해 도망친 애굽에서의 일과 조카 롯과의 이별, 소돔과 고모라 사건, 우여곡절 끝에 기적처럼 주신 아들 이삭의 증거 등 수많은 여정을 겪으며 살아계신 하나님을 만났습니다.

그는 하나님이 얼마나 선하신지 그분의 사랑을 맛보아 안 사람이었어요. 하나님을 앎이 얼마나 깊고 넓은지, 아브라함은 하나뿐인 아들 이삭을 번제물로 바치라는 하나님을 향해 Worship합니다.

"하나님은 내 소중한 아들 이삭보다 더 가치 있고 소중한 분이십니다!"

이렇게 예배한 거지요. 저는 그의 헌신이 대단하다는 데 초점을 맞추고 싶은 게 아닙니다. '도대체 아브라함이 얼마나 뜨겁게 하나님을 만났으면, 이런 예배를 하나님께 드릴 수 있었던 걸까?' 하는 질문에 초점을 맞추고 싶어요.

답은 분명해요. 아브라함이 인생의 최고 가치로 하나님을 만난 겁니다. 그러자 자연스럽게 그분의 가치에 맞게 섬기게 된 거지요. 하나님과의 분명한 만남과 간증이 있으니 내 생각과 기대와 달라도, 하나님이 원하신다면 순종하는 걸음을 걸어 내는 거예요. 이것이 바로 예배입니다.

아낌없이 드리는 예배

요한계시록 4장에 하나님이 사도 요한에게 천상의 예배를 보여주시는 장면이 있습니다.

이전에 요한은 하나님으로부터 소아시아 일곱 교회를 향한 칭찬과 강한 책망을 듣습니다. 요한이 그 내용을 사랑하는 소아시아의 일곱 교회에 보내는 게 절대 쉽지 않았을 거예요.

그런 요한에게 하나님은 천상의 예배를 경험하게 하십니다. 하나님의 영광을 보여주세요. 이때 하나님의 타이밍을 보세요. 낙담하고 지쳐있을 요한에게 하나님은 그분의 영광을 보이십니다. 우리가 쉰다고 회복되는 게 아닙니다. 하나님의 영광을 보아야 온전한 회복이 일어납니다.

사도 요한은 아주 강력하게 성령에 감동하여 하늘 보좌에 앉으신 하나님을 봅니다. 그 환상 속에서 예수님의 보좌를 둘러싼 그룹도 보게 되지요.

또 보좌에 둘려 이십사 보좌들이 있고 그 보좌들 위에 **이십사 장로**들이 흰옷을 입고 머리에 **금관**을 쓰고 앉았더라 계 4:4

"이십사 장로"는 구원받은 하나님의 백성, 특히 구원받은 성도의 대표자를 상징합니다. 이십사 장로들이 입은 흰옷은 그리스도의 보혈로 덮힌 거룩한 의의 옷을 의미하지요. 우리의 죄를 희게 하는 보혈을 상징입니다.

흰옷을 입은 이십사 장로들이 머리에 "금관"을 쓰고 있습니다. 금관은 고대 올림픽에서 마라톤 우승자에게 주는 월계관 같은

'면류관'을 의미합니다. 이 땅에서 행한 믿음의 순종과 헌신에 대한 보상의 의미로 하나님께 받은 상급이지요. 얼마나 귀한 순종의 삶을 살았기에 하나님이 금으로 된 면류관을 상급으로 주셨을까요! 그들이 하나님이 주신 금 면류관을 쓰고 의의 흰옷을 입고 자신들의 보좌에 앉아 있는 거예요.

그다음 장면은 하나님께서 창조하신 대표적인 피조물을 상징하는 네 생물인 사자, 소, 사람, 독수리가 하나님을 향해 그분의 거룩하심과 전능하심을 높여 찬양하며 영광과 존귀와 감사를 올려드립니다. 그때 이십사 장로가 하나님 앞에서 다음과 같이 반응합니다.

> 이십사 장로들이 보좌에 앉으신 이 앞에 엎드려 세세토록 살아계시는 이에게 경배하고 자기의 관을 **보좌 앞에 드리며** 이르되 우리 주 하나님이여 영광과 존귀와 권능을 받으시는 것이 합당하오니 주께서 만물을 지으신지라 만물이 주의 뜻대로 있었고 또 지으심을 받았나이다 하더라 계 4:10,11

이십사 장로가 하나님 앞에 엎드려 경배합니다. 그러고는 자신들이 이 땅에서 상급으로 받은 소중한 금 면류관을 보좌 앞에 드립니다.

"보좌 앞에 드린다"라고 표현해서 얌전하게 보좌 앞에 바친 것으로 이해할 수 있는데요, 헬라어 성경이나 다른 영어 성경을 보면 "to throw", "to cast", 곧 '던져드린다'라는 의미로 표현합니다. 하나님을 온전하게 본 이십사 장로가 인생의 면류관을 하나님께 던져드린 거예요. 내 면류관이 하나님 앞에서는 아무것도 아닌 거지요.

그리고 오직 주님께 Worship하기 시작합니다. 예수 그리스도를 나의 구주로 만나고 나니, 삶의 최고 가치로 여기던 어떤 것도 더 이상 의미가 없어진 거예요. 그런 일이 예배 가운데 일어납니다. 우리의 면류관을 하나님의 보좌 앞에 던져드리는 역사가 예배 가운데 일어나지요.

〈주 예수보다 더 귀한 것은 없네〉라는 찬양이 있습니다. 후렴 가사가 "세상 즐거움 다 버리고 세상 자랑 다 버렸네"입니다. 내면 깊은 곳에서 우러나오는 이러한 고백이 우리의 예배 가운데 있어야 합니다.

하나님이 아브라함에게 사랑하는 독자 이삭을 바치라고 하셨을 때, 아브라함이 아낌없이 이삭을 드리려 하자, 하나님이 급히 말리십니다. 그 마음만으로 됐다고 하시며 어린 양을 준비하셔서 대신 제물 삼게 하시지요.

그런데 하나님은 우리를 위해 어떤 일을 하셨나요? 우리 죄를 사하시려, 독생자 예수님을 십자가에 못 박혀 죽게 하셨어요. 진정한 Worship은 하나님이 우리에게 먼저 하셨습니다.

우리가 아직 죄인 되었을 때, 하나님은 아들 예수 그리스도를 이 땅에 보내셔서 우리의 죄를 위해 십자가 죽음을 겪게 하셨고, 우리를 Worship하셨어요. 우리가 얼마나 소중한 존재인지, 우리의 가치를 예수님을 통해 세상에 증명해 보이신 거지요. 그런 하나님께 우리는 어떤 예배를 드려야 할까요?

여호와께 **그의 이름에 합당한 영광을 돌리며** 거룩한 옷을 입고 여호와께 예배할지어다 시 29:2

아무 영광이나 돌려드리는 게 아닙니다. 우리가 예배 때 돌려드려야 할 영광은 하나님의 이름에 합당한 영광이어야 합니다. 그 이름에 합당한 예배를 드려야 하지요. 하나님의 가치를 알고, 그 가치에 합당하게 섬겨드리는 예배여야 합니다.

예배로 표현되는 사랑의 크기

당신은 하나님께 어떤 영광을 돌려드리고 있나요? 하나님이 얼마나 위대하신 분인지, 얼마나 좋으신 분인지를 알면 알수록 돌려드리는 영광의 무게도 커져야 하지 않을까요.

만일 우리의 예배가 10년 전, 20년 전과 달라진 게 없다면, 잘못돼도 한참 잘못된 것입니다.

하나님은 우리 가정에 소중한 두 딸을 주셨습니다. 지금도 첫째가 태어났을 때의 감격이 생생합니다. 당시 저는 힘든 유학 생활을 하고 있었습니다. 낮에는 일하고, 저녁에는 학교에서 공부하고, 밤새워 과제하고, 다시 일하러 가는 날이 부지기수였지요.

첫째가 아직 일어서지도 못할 때였어요. 일을 마치고 학교 기숙사 아파트로 들어올 때면 마음이 얼마나 두근거리고 기대되었는지 모릅니다. 제가 문 여는 소리에 딸이 거실에 누워있다가 문을 향해 고개를 돌려요. 제 얼굴을 확인하고는 반가워서 웃고 손발을 위아래로 흔듭니다.

사실 웃는 것도, 손발을 흔들며 춤추는 것도 허접하기 그지없는 동작이에요. 그런데 제게는 얼마나 큰 위로와 힘이 되던지요. 딸을 보면 종일 고단했던 피곤이 싹 사라지더라고요. 얼마나 예쁘고 좋던지요. 얼마나 감사하던지요. 딸이 쳐다봐 주고 아빠를 알아봐 주는 것만으로도 너무나 큰 기쁨이었습니다.

그 아이가 벌써 고3이 되었습니다. 만일 제가 집에 들어왔는데, 딸이 여전히 누워서 쳐다보고 웃기만 하면 어떤 일이 벌어질까요? "어디서 배운 버르장머리냐"라며 혼내겠지요. 왜요? 딸이 많이 자랐거든요. 성장한 자녀에게 갓난아기의 태도를 기대하는 부모가 어디 있겠어요.

우리의 예배를 볼까요. 예배는 주님의 가치를 온전하게 깨달아 그에 합당하게 섬겨드리는 시간인데, 그 가치가 10년, 20년이 지나도 변하지 않는다면 얼마나 안타까울까요.

그런데 그 '성장하지 않음'이 오늘날 예배 안에 너무도 만연해요. 주님을 사랑하면 할수록 예배는 달라져야 합니다. 끊임없이 하나님의 하나님 되심에 경탄하고, 감격하고, 손뼉을 치고, 소리쳐 외치며 역동적으로 나아갈 수밖에 없는 시간이 우리의 예배 시간이 되어야 합니다.

말라기 시대의 제사장들을 보세요. 저는 것, 병든 것으로 하나님께 드리면서 뭐가 문제냐고 따져 묻잖아요. 그들에게 하나님은 그 정도의 가치인 거예요. 우리도 예배를 통해 우리가 생각하는 하나님의 가치를 그분께 표현해 드리는 겁니다.

지금 당신의 Worship은 어떤가요?
여기서 만족하지 마세요.
주님을 더 사랑하길 원하고, 더 높여드리길 원합니다.
하나님을 깜짝깜짝 놀라게 해드리는 예배자로 서세요.
세상 어떤 것도 예수님보다 귀하지 않다는 증거를
매일의 예배를 통해 보여드리세요.

가치를 분명하게 깨달을수록, 그 가치에 합당하게 섬기게 됩니다. 지금 당신은 하나님을 Worship하고 있나요? 하나님을 향한 당신의 고백을 날마다 갱신하며, 더 새롭고 더 진실하게 예배하는 예배자로 서기를 축복합니다.

WORSHIP

2부

누려야 하는 시간

04 누구를 위한 예배인가?

W   O   R   S   H   I   P

하나님을 위한 예배

이 백성은 내가 나를 위하여 지었나니 나를 찬송하게 하려 함이니
라 사 43:21

예배는 누구를 위한 것인가요? 두 가지로 살펴보고자 합니다.

첫째, 예배는 하나님을 위한 것입니다.

세상 만물은 모두 목적대로 창조되었습니다. 제가 예배 때 사
용하는 마이크는 소리를 증폭시키기 위한 도구입니다. 분명한
목적에 맞게 최적화되어 만들어졌지요.

제게 좋은 만년필이 있는데 요즘은 거의 갖고 다니지 않습니

다. 고장이 났는지 더 이상 글자가 써지질 않아요. 그 만년필은 글자를 쓰기 위해 만들어졌지요. 그러니 아무리 좋은 만년필이어도 글자를 쓸 수 없다면 더 이상 들고 다닐 이유가 없습니다. 이렇듯 모든 만물은 목적을 가지고 창조되었습니다.

성경은 우리에게 중요한 사실을 말씀합니다.

> **만물이** 그에게서 창조되되 하늘과 땅에서 보이는 것들과 보이지 않는 것들과 혹은 왕권들이나 주권들이나 통치자들이나 권세들이나 만물이 다 그로 말미암고 그를 위하여 창조되었고 골 1:16

"만물이"라는 단어를 헬라어 성경은 "모든 만물이 각각"이라고 표현합니다. 어느 것 하나 예외 없이 각각 하나님으로 말미암고, 그분을 위해 창조되었다고 하지요. 즉, 하나님의 목적대로 창조된 것입니다.

세상 모든 만물이 만들어진 목적대로 하나님을 위해 존재할 때, 온전함이 시작됩니다. 피조물은 그 목적에 맞게 사용될 때, 온전해집니다. 볼펜이 볼펜의 기능을 하고, 자동차가 자동차로서 기능할 때 최고의 볼펜과 자동차가 됩니다. 참 멋진데, 글자를 쓰지 못하는 펜과 달리지 못하는 자동차가 무슨 의미가 있을까요.

우리도 하나님의 목적대로 창조되었습니다. 하나님이 우리를 창조하신 목적은 무엇일까요?

이 백성은 내가 나를 위하여 지었나니 **나를 찬송하게 하려 함이니라** 사 43:21

우리는 하나님을 위해 지어졌습니다. 원문을 살펴보면, '나를 통과하여 지었다'라는 의미를 담고 있어요. 무슨 뜻인가요? 우리가 모두 어머니의 몸을 통해 태어나듯 하나님을 통과해서 그분의 자녀로 지어졌다는 겁니다. 우리는 하나님을 닮아 소중하게 창조된 존재입니다. 하나님을 통과하여, 그분을 닮은 존재로 창조되었으니까요.

그렇다면 하나님께서 우리를 창조하신 목적이 무엇일까요? 바로 하나님을 찬송하게 하기 위함입니다. 이 구절에서 "찬송"의 의미로 사용된 단어가 '테힐라'(תְּהִלָּה)인데, 이는 찬양하는 노래를 의미하기도 하고, 예배 대상을 영화롭게 하는 것을 의미하기도 합니다.

아무나 하나님을 영화롭게 할 수 없습니다. 하나님을 통해 창조되어 하나님을 닮은 우리이기에 할 수 있는 것이 테힐라입니다. 우리는 하나님을 예배하도록 특화되어 창조되었습니다. 하나님을 찬송하도록, 하나님을 예배하도록 창조되었지요.

누구를 예배합니까? 하나님만을 예배합니다. 너무 당연한 이야기지요. 그런데 이 명제가 무너질 때가 얼마나 많은지 모릅니다. 특히 우리의 예배 안에 하나님이 아닌 다른 것을 예배할 위험이 존재한다는 걸 알아야 합니다.

성경에 이런 우상들이 등장합니다.

1) **놋 뱀**(왕하 18:4) : 민수기 21장을 보면, 이스라엘 백성이 하나님과 모세에게 원망하다가, 불뱀에 물려 죽게 되자 하나님께 살려달라고 간구합니다. 그때 하나님이 불뱀을 만들어 기둥에 달아두고, 뱀에게 물린 사람들이 쳐다보면 살 거라고 하십니다 (민 21:8). 그 말씀에 순종하여 모세가 불뱀 형상을 놋으로 만들어 장대 위에 달아 올리자, 놋 뱀을 바라본 사람은 모두 살아나는 기적이 일어납니다.

놀랍게도 한참의 세월이 지나 그 놋 뱀이 열왕기하 18장 4절에 다시 등장하지요.

그가 여러 산당들을 제거하며 주상을 깨뜨리며 아세라 목상을 찍으며 모세가 만들었던 놋 뱀을 이스라엘 자손이 이때까지 향하여 분향하므로 그것을 부수고 느후스단이라 일컬었더라

남 유다 히스기야 왕이 종교개혁을 하면서 모든 우상을 제거하는 과정에서 놋 뱀이 등장합니다. 모세 때, 놋 뱀 사건이 일어난 시기가 B.C. 1400년경이었고, 히스기야 시대는 B.C. 700년경으로 약 700년이라는 간극이 있었습니다. 그런데 알고 보니, 이

스라엘 백성은 그 놋 뱀을 700년간 은밀하게 섬기고 있었어요. 구원의 도구였던 놋 뱀이 우상이 된 거지요.

2) **에봇**(삿 8:27) : 에봇은 대제사장이 하나님 앞에 나아갈 때 입는 옷으로, 상반신에 걸쳐 입는 조끼나 앞치마와 비슷한 형태였어요. 그런데 후에 이스라엘 백성이 대제사장의 의복인 에봇을 점치는 데 사용합니다. 하나님을 예배하는 제사장의 의복이 우상이 된 거지요.

3) **천사**(골 2:18) : 천사는 인간과는 다른 영적 존재로, 하나님의 뜻과 계획을 수행하기 위해 창조되었습니다. 그런데 초대교회 시대에 '천사 숭배 사상'이 교회 안에 들어와 있었습니다. 안타깝게도 하나님을 섬기는 천사가 우상이 되어버렸지요.

놋 뱀이나 에봇이나 천사는 하나님을 위해 쓰임 받는 도구일 뿐인데, 어처구니없게도 한순간 우상으로 둔갑해 버렸어요. 사역의 도구가 우상이 된 것입니다.

우리가 예배 안에서 깨어 있지 않으면, 이와 같은 위험한 일이 일어날 수 있습니다. 잘못하면 사역 자체가, 내가 속한 모임과 공동체가 예배 대상이 될 수 있지요. 그래서 깨어 있어야 합니다.

제가 한창 예배를 배울 때, 예배 모임 중에 한 목사님이 이런 말씀을 전해주셨어요. "그는 흥하여야 하겠고 나는 쇠하여야 하리라"라는 요한복음 3장 30절 말씀으로, 만약 모임이 우리의 안정감이 되고, 이 모임을 예수님보다 더 의지하게 된다면 과감하게 정리해야 한다고요. 그 메시지가 지금도 제 마음에 울립니다.

미국 젊은이들의 영적 각성을 위한 집회로 알려진 'Passion Conference'(패션 콘퍼런스)에 참여한 적이 있습니다. 워십 밴드의 구성도 너무나 화려하고 프로다웠고, 예배의 흐름도 매우 좋았어요. 찬양하면서 얼마나 큰 은혜를 받았는지요.

그런데 그 모임의 설교자들이 끊임없이 "우리는 예배를 예배하지 않는다", "우리는 예배의 표현 자체를 숭배하는 함정에 빠지기 쉽다"와 같은 메시지를 전했어요. 마치 자신을 지키기 위한 다짐처럼 들리더군요.

이처럼 선호하는 예배 스타일이 우상으로 자리 잡을 수도 있습니다. 하나님을 높여드리는 자리면 그곳이 어디든, 어떤 형태든 예배로 성립됩니다. 그런데 '내가 좋아하는 스타일이어서' 예배드릴 수 있고, '내가 좋아하지 않는 스타일이어서' 예배드리기 어렵다면, 예배의 형태가 하나님보다 더 높아져 있는 게 아닐까요?

하나님만 예배해야 한다는 걸 누가 모르겠어요. 그런데 가장 중요한 이 전제가 쉽게 흔들리고, 우상이 될 수 있다는 사실을 인지해야 합니다. 이 부분에서 깨어 있기 위한 긴장감이 늘 필요해요. 잘못하면 예배 스타일이나 섬기는 사역 자체를 예배할 수 있기 때문입니다. 심지어는 하나님보다 사람을 예배할 수도 있지요.

우리는 외쳐야 합니다.

"하나님 한 분만이 우리의 예배 대상이십니다!"

이 고백이 흔들리지 않는 중심이 되어야 합니다.

우리를 위한 예배

둘째, 예배는 우리를 위한 것입니다.

앞서 예배를 '하나님을 위한 시간'으로 강조했는데, 무슨 말인가 싶지요? 그런데 맞는 말입니다. 예배는 우리를 위한 겁니다.

하나님이 모세를 통해 이스라엘 백성에게 성막 예배를 허락하신 이유가 있습니다.

- 이스라엘 백성 가운데 거하시며 그들을 이끌어주시기 위해
  (출 29:45, 46)
- 이스라엘 백성에게 말씀하시기 위해(출 25:22, 33:7-11)
- 백성의 죄를 용서해 주시기 위해(레 4:20, 26, 31, 5:10)

보세요. 성막이 누구를 위한 건가요? 하나님을 예배하고 섬기기 위한 것이 성막인데, 그 성막을 통해 하나님이 하시려는 목적을 살펴보니, 성막은 하나님보다 이스라엘 백성에게 유익합니다. 유익으로 따지면, 하나님보다 이스라엘 백성에게 성막이 꼭 필요했지요.

우주와 그 가운데 있는 만물을 지으신 하나님께서는 천지의 주재시니 손으로 지은 전에 계시지 아니하시고 **또 무엇이 부족한 것처럼 사람의 손으로 섬김을 받으시는 것이 아니니** 이는 만민에게 생명과 호흡과 만물을 친히 주시는 이심이라 행 17:24,25

이 말씀이 맞습니다. 하나님이 무엇이 부족하셔서 우리의 예배를 그토록 받으시려 하겠어요. 그분은 우리의 예배와 섬김이 없어도 하나님 되심에 아무런 영향도 받지 않으십니다. 우리가 하나님을 찬양하지 않아도, 하나님은 스스로 충만하시고, 부족함이 없으세요.

그러나 우리는 달라요. 우리는 예배가 없으면 안 됩니다. 이 장을 시작하면서 나누었듯이, 창조물은 창조된 목적에 맞게 살 때 비로소 온전해집니다. 만약 창조된 목적에서 벗어나면 고장이 날 수밖에 없지요. 우리는 하나님을 예배하기 위해 창조되었기에 예배의 기능을 수행할 때 온전해집니다.

저는 이 말씀의 가르침을 믿기에, 탈선하는 자녀나 삶의 어려움으로 무너진 자가 회복을 위해 가장 먼저 붙잡아야 하는 것이 '예배의 자리'라고 강조합니다. 하나님의 창조 목적대로 서기 시작해야 온전함을 누릴 수 있기 때문이지요.

만약 우리가 예배의 자리를 계속 놓치면, 어떤 일이 벌어질까요? 온전함과 반대되는 일이 일어나겠지요.

예전에 제가 제자훈련을 받을 때, 그곳에서 학교장으로 섬기던 간사님이 강의 중에 들려준 이야기입니다.

1994년, 나라를 떠들썩하게 했던 '지존파 사건'을 기억할 거예요. 당시 범죄 조직이던 지존파 일당이 '오렌지족'으로 불리던 부잣집 젊은이들을 이유 없이 납치해서 잔인하게 살해하다가 붙잡힌 사건입니다. 그들이 붙잡혀서도 조금의 뉘우침도 보이지 않고, 오히려 "더 죽이지 못해서 한이다"라고 말해서 온 국민이 충격을 받았었지요. 그때 간사님도 신문을 보다가 손이 부들부들 떨리더랍니다.

"어떻게 세상에 이런 놈들이 있을 수 있단 말인가!"

분함을 참지 못하고 있는데, 갑자기 하나님의 말씀과 같은 강한 감동이 일어나더래요.

'너도 그들이 자라온 환경에서 똑같이 자랐다면, 다르지 않았을 거야.'

간사님은 성령의 감동과 같은 음성을 듣고는, 큰 충격을 받았다고 합니다. 그러면서 이렇게 말했어요.

"예배의 자리를 떠나서 하나님과 상관없는 삶을 살면, 그가 누구라도 얼마든지 무너질 수 있습니다."

예전에 교회 취임식에 왔던 강사 목사님도 비슷한 말을 했어요.

"목사인 나도 몇 주만 하나님께 예배하지 않고 기도하지 않으면, 무너지는 건 순식간일 수 있습니다."

착각하면 안 됩니다. 우리가 하나님의 창조 목적대로 예배자로 서 있어야만 하나님의 뜻을 이루며 살아갈 수 있습니다.

예배는 누구를 위한 것일까요? 구약의 제사장은 직무 중 70퍼센트가 하나님을 섬기는 거였고, 30퍼센트가 백성을 섬기는 거였어요. 백성을 잘 섬기려면 제사장이 무엇을 잘해야 했을까요? 하나님을 온전하게 섬길 때, 백성을 올바로 이끌 수 있었겠지요. 이와 관련한 상징적인 장면을 보겠습니다.

다윗이 번제와 화목제 드리기를 마치고 만군의 여호와의 이름으로 백성에게 축복하고 삼하 6:18

이스라엘 왕 다윗은 하나님께 온전한 예배를 드린 후에 하나님의 이름으로 백성을 축복합니다. 그러자 어떤 일이 벌어지나요? 이스라엘 역사상 가장 아름다운 빛을 발하는 강력한 나라를 이룹니다.

나라를 잃고 유리방황하던 유대인들이 1948년에 팔레스타인 지역에 나라를 세우면서 그들을 대표하는 국기를 만듭니다. 국기 중앙에 있는 별 모양이 바로 '다윗의 별'이지요. 유대인들은 중세 시대부터 자신들의 회복을 갈망하며 자신들을 구별하기 위해 이 다윗의 별을 사용했습니다. 그만큼 다윗의 시대는 평화와 성장과 번영이 가득한 영광스러운 시기였지요.

그런데 무엇이 다윗과 이스라엘의 걸음에 기반이 되었을까요? 바로 '예배'입니다.

예배의 축복

에스겔서 47장을 보면 성전 문지방에서 흘러나오는 물의 환상이 소개됩니다.

그가 나를 데리고 성전 문에 이르시니 성전의 앞면이 동쪽을 향하였는데 그 문지방 밑에서 물이 나와 동쪽으로 흐르다가 성전 오른쪽 제단 남쪽으로 흘러내리더라 그가 또 나를 데리고 북문으로 나가서 바깥길로 꺾여 동쪽을 향한 바깥문에 이르시기로 본즉 물이 그 오른쪽에서 스며 나오더라 겔 47:1,2

에스겔이 환상을 보는데, 성전에서 동쪽 바깥문으로 아주 적은 양의 물이 새어 나오기 시작합니다. 많은 양이 아닌 스며 나오는 정도입니다. 그런데 환상을 보니 놀랍습니다. 그 물이 흘러가는데 양이 점점 불어 발목까지 차게 됩니다. 나중에는 사람이 건널 수 없을 정도로 큰 강을 이룹니다.

그리고 그 물이 닿는 곳마다 생명의 역사가 일어납니다. 물고기가 생기고, 어부들은 어업에 종사하게 되고, 물가에는 각종 나무가 자라는데, 열매는 식량으로, 잎사귀는 약재로 사용될 만큼 버릴 것 없는 나무가 되지요. 이 물은 강이 되어 죽음의 바다인 '사해'로 갑니다. 강이 바다를 살리는 역사가 일어납니다.

이것이 에스겔 선지자가 본 환상이었어요. 그는 바벨론에 포로로 끌려간 지 5년째 해에 선지자로 부름을 받아, 첫 사역을 바벨론의 그발 강가에서 시작합니다. 나라가 망해 소망을 잃은 그때, 하나님께서 그를 부르신 겁니다. 그렇다면 이 환상은 무엇을 말하는 걸까요?

죽은 사해와 같은 이스라엘의 회복은 성전에서 시작되는 물이 흘러나올 때 이루어집니다. 모든 소망이 끊어진 듯한 절망적인 상황에도, 메말라 있던 성전에서 물이 다시 흐르고, 그 물이 스며 나와 삶으로 이어진다면 회복과 생명의 역사가 새롭게 시작될 것임을, 하나님께서 포로로 끌려온 에스겔에게 말씀하신 거지요.

이때 많은 양의 물이 필요하지 않습니다. 그저 성전에서 스며 나오기만 해도 충분합니다. 그 물을 계속 흘려보내기 시작할 때, 물이 시내를 이루고 강을 이루며 죽은 바다까지도 살리는 생명의 역사가 일어날 것입니다.

　예배는 누구를 위한 시간인가요? 하나님을 위한 시간입니다. 그리고 하나님을 위한 예배를 온전히 드릴 때, 우리를 위한 시간이 됩니다.

　마태복음 6장 33절의 진리를 예배에도 적용해야 합니다. 예배자는 하나님을 위한 예배를 드리며 먼저 그의 나라와 의를 구하는 믿음의 예배를 드려야 하지요. 그럴 때, 예배의 은혜가 삶에 흘러 들어와 회복의 역사가 시작됩니다.

　예배의 우선순위를 분명히 해야 해요. 어떤 우선순위인가요? 하나님을 섬기는 우선순위입니다. 우리가 하나님만 예배하면 하나님께서 우리를 위해 일하십니다. 이 예배의 원리를 삶에서 경험할 때, 예배가 삶으로 스며 들어가 생명의 역사를 일으키는 동력이 될 것입니다.

05 믿음의 예배

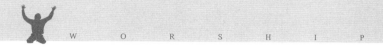

아담의 예배 vs 가인의 예배

아담이 그의 아내 하와와 동침하매 하와가 임신하여 가인을 낳고
이르되 내가 여호와로 말미암아 득남하였다 하니라 그가 또 가인
의 아우 아벨을 낳았는데 아벨은 양 치는 자였고 가인은 농사하는
자였더라 세월이 지난 후에 가인은 땅의 소산으로 제물을 삼아 여
호와께 드렸고 아벨은 자기도 양의 첫 새끼와 그 기름으로 드렸더니
여호와께서 아벨과 그의 제물은 받으셨으나 가인과 그의 제물은 받
지 아니하신지라 가인이 몹시 분하여 안색이 변하니 여호와께서 가
인에게 이르시되 네가 분하여 함은 어찌 됨이며 안색이 변함은 어찌
됨이냐 네가 선을 행하면 어찌 낯을 들지 못하겠느냐 선을 행하지
아니하면 죄가 문에 엎드려 있느니라 죄가 너를 원하나 너는 죄를

다스릴지니라 가인이 그의 아우 아벨에게 말하고 그들이 들에 있을 때에 가인이 그의 아우 아벨을 쳐 죽이니라 창 4:1-8

선악과를 먹은 아담과 하와의 범죄 이후, 인류에 죄가 들어옵니다. 그리고 바로 다음세대에 너무나 슬프면서도 끔찍한 살인 사건이 일어나지요. 더 안타까운 건 그 원인입니다. '예배'가 형제를 죽이는 끔찍한 살인의 원인이 되었습니다.

아담과 하와는 선악과 사건 이후 에덴동산에서 쫓겨납니다. 그리고 두 아들을 낳았는데, 첫째가 가인, 둘째는 아벨이었습니다. 2절을 보면, 가인은 농사를 짓는 농사꾼이었고, 아벨은 양을 치는 목축업자였습니다.

진화론을 주장하는 사람들은 초기 인류가 단순 채집이나 사냥을 하며 생존했고, 한참이 지나서야 농업과 목축업을 시작했다고 말하지만, 성경은 그렇지 않음을 분명히 가르쳐줍니다. 성경은 인류 초기부터 농업과 목축업이 시작되었다고 말해요.

그러면서 3절의 사건이 일어납니다.

세월이 지난 후에 가인은 땅의 소산으로 제물을 삼아 여호와께 드렸고 히브리어 원문을 문맥적으로 살펴보면, "세월이 지난 후에"는 '하나님께서 결산하시는 시간이 되었을 때'라는 뜻입니다. 이 시간은 무엇을 뜻하는 걸까요? 바로 '예배'입니다.

아담이 에덴동산에서 쫓겨났지만, 자기 자리에서 때가 되면 하나님께 예배드리고 있었음을 알 수 있습니다. 그리고 그 예배를 자녀들에게도 가르친 거예요.

그렇게 예배의 때가 되어, 가인과 아벨이 하나님께 예배합니다. 가인은 "땅의 소산으로 제물을 삼아" 드렸고, 아벨도 "양의 첫 새끼와 그 기름으로" 예배했습니다(4절).

그런데 문제가 발생합니다. 하나님께서 아벨의 제물은 받으시고, 가인의 제물은 받지 않으신 거예요. 가인은 자신의 예배가 거절되자, 몹시 분해서 안색이 변합니다. 얼굴이 붉으락푸르락한 거예요.

그러자 하나님이 왜 가인의 예배를 받으실 수 없는지를 말씀하십니다. 다시는 그러지 말라는 뜻이었지요. 이때 가인은 문제를 인식하고 돌이켜 회개하면 되었어요. 그런데 그가 하나님의 설명을 듣고도 어떤 일을 벌이나요?

가인이 그의 아우 아벨에게 말하고 그들이 들에 있을 때에 가인이 그의 아우 아벨을 쳐 죽이느라 창 4:8

동생 아벨에게 할 말이 있다며 들판으로 불러내고는, 그를 죽입니다. 너무나 안타깝게도 인류 최초의 살인사건이 형제간에 벌어져요. 게다가 살인의 원인이 '예배'였지요.

여기서 당연히 이런 질문이 떠오를 겁니다.

'왜 하나님은 아벨의 예배만 받으시고, 가인의 예배는 받지 않으셨을까?'

아벨은 열심히 예배하고, 가인은 대충 예배했기 때문일까요? 그렇지 않습니다. 가인도 엄청난 기대와 열정으로 예배한 게 분명해요. 하나님이 예배를 받지 않으신 걸로 그토록 화를 내고 사람까지 죽인 걸 보면, 그가 얼마나 기대하며 예배드렸는지를 알 수 있습니다.

예를 들어볼게요. 2002년에 한국에 로또 복권이 처음 발행되었습니다. 당시 식당을 개업하면 손님에게 복권을 1장씩 주는 게 유행이었지요. 저도 그때 복권을 받고 당첨을 확인했는데, 당첨되지 않았습니다. 물론 그렇다고 해서 실망하거나 안타까운 생각이 들지 않았어요.

그런데 당시 신문 사회면에 한 기사가 큰 논쟁거리가 되었습니다. 어떤 사람이 퇴직금 전부를 로또 복권을 사는 데 쓴 거예요. 이게 왜 기사화됐을까요? 사들인 수많은 복권 중 단 한 장도 당첨되지 않자, 그가 삶을 포기하려 했기 때문이지요.

그의 심정이 어땠을까요? 엄청나게 낙심했을 거예요. 저와는 비교할 수 없는 큰 기대를 담아 로또 복권에 사활을 걸었기 때문입니다. 기대가 큰 만큼 실망도 큰 법이니까요.

보세요. 가인이 얼마나 큰 기대로 예배했으면, 하나님이 예배를 받지 않으셨다고 분해서 동생을 죽였겠어요. 가인은 엄청난 종교심과 열정과 기대를 담아 예배했던 거예요.

하지만 하나님은 그의 예배를 받지 않으셨습니다. 무엇이 문제였을까요? 성경에서 가인의 예배의 문제점에 관해 두 가지 실마리를 발견할 수 있어요. 그중 하나를 5장에서 나누고, 나머지는 6장에서 나누겠습니다.

믿음으로 드리는 예배

가인에게 어떤 문제가 있었기에 하나님께서 그의 예배를 받지 않으신 걸까요?

그는 '믿음의 예배'를 드리지 못했습니다. 성경을 보며 생긴 질문은 반드시 성경에서 답을 찾아야 합니다. 감사하게도 가인과 아벨의 제사에 관해 말해주는 내용이 있습니다.

'믿음장'으로 알려진 히브리서 11장이 하나님께서 아벨의 예배를 받으신 이유를 설명합니다.

믿음으로 아벨은 가인보다 더 나은 제사를 하나님께 드림으로 의로운 자라 하시는 증거를 얻었으니 하나님이 그 예물에 대하여 증언하심이라 그가 죽었으나 그 믿음으로써 지금도 말하느니라

히 11:4

"믿음으로."

믿음의 예배! 아벨은 믿음의 예배를 드렸고, 가인에게는 믿음의 예배가 빠져 있었다고 말합니다. 여기서 말하는 믿음은 무엇일까요?

히브리서 11장 1절에서, 믿음을 "바라는 것들의 실상"과 "보이지 않는 것들의 증거"라고 명확히 정의합니다. 그러므로 아벨이 믿음으로 하나님을 예배했다는 건, 눈에 보이지 않는 하나님께서 받으실 거라는 확신을 가지고 살아계신 하나님을 향해 제물을 드리며 예배한 것입니다.

어떻게 아벨이 '하나님의 의로운 자'라는 증거를 얻었을까요? 믿음으로 예배함으로써 의롭다 함을 얻었습니다. 하나님은 히브리서 10장 38절을 통해 "나의 의인은 믿음으로 말미암아 살리라"라고 선포하셨어요. 아벨은 그 믿음으로 예배드린 겁니다. 그러면 구체적으로 아벨의 믿음은 무엇이었을까요?

히브리서 11장 6절은 예배자가 어떤 믿음을 가져야 하는지를 자세히 말해줍니다.

믿음이 없이는 하나님을 기쁘시게 하지 못하나니 하나님께 나아가는 자는 반드시 그가 계신 것과 또한 그가 자기를 찾는 자들에게 상 주시는 이심을 믿어야 할지니라

하나님을 기쁘시게 하려는 우리의 신앙적 행동은 무엇인가요? 가장 대표적인 것이 예배입니다. 이 말씀은 예배자가 어떤 믿음을 가져야 하는지를 말해줍니다. 예배자는 두 가지 믿음을 가져야 합니다.

첫째, '반드시 하나님이 계신다'라는 믿음.
둘째, '하나님은 그분을 찾는 자들에게 상 주신다'라는 믿음.

이런 믿음이 있어야 해요. 그리고 믿음은 반드시 행함을 수반합니다. 결국 아벨이 믿음으로 하나님을 예배했다는 건, 하나님이 계신 것과 또한 그분을 찾는 이들에게 상 주신다는 사실을 믿고 최선을 다해 예배한 겁니다. 그러나 가인은 믿음 없는 예배를 드렸어요. 믿음이 없으니, 믿음 없는 행동이 수반되었겠지요. 이처럼 예배 안에서 믿음은 매우 중요합니다.

'예배'를 주제로 성경을 살펴볼 때, 빠지지 않고 언급되는 인물이 바로 '향유 옥합을 깨뜨린 여인'입니다.

예수께서 베다니 나병환자 시몬의 집에 계실 때에 한 여자가 매우 귀한 향유 한 옥합을 가지고 나아와서 식사하시는 예수의 머리에 부으니 제자들이 보고 **분개하여** 이르되 무슨 의도로 이것을 **허비**하느냐 이것을 비싼 값에 팔아 가난한 자들에게 줄 수 있었겠도다 하거늘 예수께서 아시고 그들에게 이르시되 너희가 어찌하여 이 여자를 괴롭게 하느냐 **그가 내게 좋은 일을 하였느니라** 가난한 자들은 항상 너희와 함께 있거니와 나는 항상 함께 있지 아니하리라 이 여자가 내 몸에 이 향유를 부은 것은 내 장례를 위하여 함이니라 내가 진실로 너희에게 이르노니 온 천하에 어디서든지 이 복음이 전파되는 곳에서는 이 여자가 행한 일도 말하여 그를 기억하리라 하시니라 마 26:6-13

한 여인이 귀한 향유 한 옥합을 가지고 나와 예수님의 머리에 붓습니다. 여기서 "귀한 향유"는 '나드 향유'였을 것으로 예상합니다. 이는 히말라야 고산지대에서 자라는 '나드'라는 식물의 뿌리에서 채취한 아주 값비싼 고급 향유입니다. 고대 근동 지역에서 이런 향유는 가치가 떨어지지 않기에 저축하는 개념으로 사서 보관하곤 했어요.

당시 나드 한 옥합이면 약 300데나리온을 주어야 살 수 있었다고 해요. 현재 가치로 환산하면 약 3,000만 원 이상이라고 합니다. 여인이 예수님의 머리에 향유를 부으면서 단번에 3,000만 원을 쓴 거지요.

그러자 제자들이 난리가 납니다. 8절을 보면, "분개하여"라고 표현할 정도로 심하게 화를 냅니다. 그러면서 뭐라고 하나요? 이 여인의 섬김을 "허비"로 치부하며, 비싼 값에 팔아 가난한 자들에게 줄 수 있었겠다고 말합니다. 왜 제자들은 분노한 걸까요?

마태복음 19장을 보면, 한 부자 청년이 예수님을 찾아옵니다. 그때 예수님은 영생을 이야기하시면서 이런 말씀을 하십니다.

네 소유를 팔아 가난한 자들에게 주라 그리하면 하늘에서 보화가 네게 있으리라 그리고 와서 나를 따르라 마 19:21

이런 가르침이 있었기에 제자들의 분노가 어느 정도는 이해됩니다. 그런데 예수님은 부자 청년에게 하신 말씀과는 다르게 이 여인을 칭찬하십니다.

10절을 보면, "그가 내게 좋은 일을 하였느니라"라고 말씀하며 마리아의 행동을 칭찬하세요. 그러면서 가난한 자들은 항상 그들과 함께 있지만, 예수님은 항상 함께 계시는 게 아니라고 하시며, 마리아가 향유를 부은 건 예수님의 장례를 예비하기 위함이라고 하십니다. 이어서 13절에 이렇게 말씀하세요.

내가 진실로 너희에게 이르노니 온 천하에 어디서든지 이 복음이 전파되는 곳에서는 **이 여자가 행한 일도 말하여 그를 기억하리라** 하

시니라 마 26:13

얼마나 놀라운 예수님의 명령인가요! 이 여인의 행동이 얼마나 중요했으면, 복음이 전파되는 곳마다 그녀가 행한 일을 말하여 기억하라고 하실까요. 그런데 좀 의아하지 않나요? 도대체 이 여인이 한 행동이 얼마나 중요하길래, 제자들도 들어본 적 없는 칭찬을 받은 걸까요?

예수님은 예루살렘에 입성하신 후, 제자들과 사랑하는 사람들에게 자신이 이틀 후에 잡혀서 죽임당할 거라고 말씀하셨습니다 (마 26:2). 그때가 언제였냐면, 예수님이 호산나를 외치는 수많은 군중 사이를 지나 예루살렘으로 입성하신 후였어요. 예수님의 인기가 하늘을 치솟고 있을 때였지요.

그러다 보니, 제자들은 예수께서 이틀 후면 죽게 될 거라고 말씀하셔서도 제대로 듣지를 않았어요. 서로 예수님의 최측근에서 출세할 일만 기대했기에, 그 말씀을 들어도 믿음이 생기지 않았던 거지요.

그런데 참으로 놀랍게도 제자들이 아닌, 한 여인이 그 말씀에 반응합니다. 그 말씀대로 될 것을 '믿은' 거예요. 얼마나 온전하게 믿었는지, 장례를 준비할 여유도 없겠다 싶어서, 무례해 보일 수 있는 상황임에도 자신의 값비싼 향유 옥합을 깨뜨려 예수님의 머리에 부으며 그분의 죽음을 준비했지요.

이는 예수님의 말씀에 대한 믿음이 없다면 절대 할 수 없는 행동입니다. 예수님이 자기 죽음을 거듭 강조하며 예고하셨음에도 제자들은 예수님이 잡히시는 순간까지도 그분의 죽음을 믿지 않았습니다. 아니, 원하지 않았다고 보는 게 더 맞을지 모릅니다.

그런데 이 여인은 예수님의 말씀대로 예수님의 죽음을 준비했어요. 예수님이 죽임당하시지 않을 것 같다는 내 느낌과 생각이 있어도, 예수님이 말씀하시니 내 예상을 내려놓고 말씀대로 될 것을 믿으며, 자신의 소중한 향유 옥합을 깨트린 겁니다.

예수님은 여인의 '헌신'을 통해 여인의 '믿음'을 보셨어요. 그리고 그 믿음이 얼마나 중요한지 아셨기에, 복음이 전해지는 곳마다 이 여인의 행동을 함께 전하여 기억하도록 하라고 하신 거지요. 구원받은 모든 성도에게 이 여인의 믿음이 필요합니다. 예배도 이 믿음의 관점으로 바라보아야 합니다.

기대가 아닌 믿음으로
예수님이 말씀하셨어요.

두세 사람이 내 이름으로 모인 곳에는 나도 그들 중에 있느니라

마 18:20

예수 이름으로 모인 곳이면 어디든 예수님이 함께하십니다. 이 말씀을 그대로 믿는다면 예수 이름으로 모이는 자리를 소홀히 할 수 없겠지요. 향유 옥합을 깨뜨린 여인이 그랬듯이 우리도 말씀을 믿으며 예배에 거룩한 허비를 쏟아부어야 합니다.

분명히 성경을 통해 두세 사람이 예수님 이름으로 모인 곳에는 "내가 함께하겠다"라고 말씀하셨습니다. 그러니 우리도 옥합을 깨뜨린 여인의 믿음으로 나아가야 해요. 성도가 함께 모여 예배할 때, 하나님께서 반드시 함께하신다는 믿음의 시선이 있다면, 절대 함부로 예배하지 못합니다.

분명한 믿음이 있기에 세상의 눈으로 보기에 과한 허비처럼 보이는 예배를 담대히 드릴 수 있지요. 안락한 쉼의 시간을 예배를 위해 드리고, 마치 눈앞에 하나님이 계시는 것처럼 전심을 다해 찬양과 기도를 올려드리고, 하나님이 말씀하신다고 여기며 설교에 귀 기울이고, 열심히 일해서 모은 재정이 모두 하나님께서 허락하신 은총임을 믿으며 헌금하고 예배드릴 수 있는 이유는, 우리에게 믿음이 있기 때문입니다.

예배는 '믿음 싸움'입니다. 아벨의 예배에는 믿음이 있었고, 가인의 예배에는 믿음이 빠져 있었어요. 가인은 믿음의 자리를 종교심으로 대신 채웠습니다. '내가' 축복받아야 하는 예배였던 거예요.

제자들도 예수님이 이틀 후면 죽게 될 거라고 말씀하셔도 믿지 않고, 듣지 않았어요. 왜입니까? 예수님이 정치적 메시아로 세워지기를 바라는 그들의 잘못된 기대가 말씀을 가로막은 거지요. 이런 잘못된 기대를 예수님은 깨뜨리세요.

결국 예수님이 십자가에 달리시며 그들의 기대는 산산조각이 납니다. 오히려 잘된 일이었지요. 제자들이 그 처절한 낙심과 실패감 속에서 부활하신 예수님을 만나며 온전히 일어서게 되었으니까요.

마찬가지입니다. 하나님께서 가인의 예배를 거절하신 것도, 가인에게는 필요한 시간이었어요. 만일 하나님께서 믿음 없이 예배하는 가인을 받아주셨다면, 그 위험한 예배가 얼마나 오래 지속되었겠어요.

하나님의 거절에는 사랑이 담겨 있다는 사실을 기억해야 합니다. 그것은 가인을 온전하게 세우고자 하신 하나님의 사랑이었어요. 하나님은 심술이 난 가인에게 자세히 설명해 주셨어요. 그래도 돌이키지 않고 하나님의 말씀을 믿음으로 받아들이지 못한 가인은 결국 돌이킬 수 없는 죄악의 길에 들어섭니다.

당신의 예배는 어떤가요? 예배를 받으시는 하나님을 향한 믿음이 마음 중심에 온전히 자리 잡고 있나요? 혹여 하나님이 안 계신 것처럼 믿음 없이 예배하던 가인의 모습이 내 모습은 아닌가요? 가인처럼 '나의 기대로 가득 찬 종교심'을 믿음으로 포장한 채 믿음 없는 예배를 드리고 있지는 않나요?

당신의 예배에 하나님이 함께하신다는 믿음만 있다면, 예배를 대하는 태도가 달라질 거예요. 예배 가운데 선포되는 말씀도 얼마나 간절하게 믿음으로 받으낼까요. 나의 예배를 받으시는 하나님께서 그분을 찾는 자들에게 상 주신다는 믿음이 있으니, 얼마나 진실한 찬양이 터져 나오겠어요!

오늘, 당신의 예배 처소에서 믿음으로 하나님을 기쁘시게 해드리는 예배자로 서기를 바랍니다.

06 예배와 삶

삶의 예배

가인이 드린 예배의 또 다른 문제점은 그의 삶과 관련이 있습니다. 하나님이 가인과 아벨의 제물을 어떻게 대하셨는지를 설명한 창세기 4장 4,5절을 보세요.

> … 여호와께서 **아벨과** 그의 제물은 받으셨으나 **가인과** 그의 제물은 받지 아니하신지라 …

자세히 보면, 하나님은 두 형제의 예배에서 제물만 받으신 게 아닙니다. "아벨과 그의 제물"을 받으셨고, "가인과 그의 제물"은 받지 않으셨어요.

우리가 예배할 때, 하나님은 우리 예배의 어떠함만 보시는 게 아니라 우리의 삶도 함께 보십니다. 화를 내는 가인에게 하나님께서 하신 말씀을 보세요.

여호와께서 가인에게 이르시되 네가 분하여 함은 어찌 됨이며 안색이 변함은 어찌 됨이냐 네가 선을 행하면 어찌 낯을 들지 못하겠느냐 **선을 행하지 아니하면 죄가 문에 엎드려** 있느니라 죄가 너를 원하나 너는 죄를 다스릴지니라 창 4:6,7

오히려 하나님은 가인에게 왜 화를 내냐고 하시며 "내가 네 예배를 받을 수 없는 이유를 너도 알지 않니"라고 반문하십니다. 하나님이 가인을 향해 무엇을 지적하시나요? 그의 삶에 "선"이 없다는 거예요. 이는 도덕적 기준의 선이 아닙니다. 성경이 말씀하는 선은 '하나님을 사랑하고, 그분의 계명을 따르며 행하는 모든 믿음의 행위'입니다.

예를 들어, 내적으로는 정결하고 겸손하며, 외적으로는 이웃을 사랑하고 정의와 자비를 실천하며, 하나님 앞에서 정직과 성실로 살아가는 것이 선과 연결됩니다. 즉, 하나님과 함께하는 믿음의 걸음이 성경이 말씀하는 선이지요.

가인이 선을 행하지 않았다는 말은 그가 하나님과 상관없이 살았음을 의미합니다. 하나님의 뜻을 따라 순종하며 살지 않으니, 자연히 "죄가 문에 엎드려" 있는 상황이 그의 삶에 펼쳐진 거지요. 이 사실은 충격적입니다. 왜냐하면 하나님과 상관없이 죄가 문에 엎드려 있는 삶을 살고 있음에도 가인이 어떤 모습을 보였나요? 예배에 열심을 낸 거예요.

충분히 그럴 수 있습니다. 하나님과 전혀 상관없는 삶을 살면서도 예배에 열심을 낼 수 있고, 죄의 심각성을 전혀 인식하지 못하고 죄의 문제를 다루지 않고도 열심히 예배드릴 수 있어요. 가인처럼 말입니다. 삶이 전혀 다루어지지 않은 채 예배만 열심히 드리니, 하나님께서는 가인도 그의 제물도 받으실 수 없었던 거예요. 하나님은 우리가 예배드릴 때, 우리의 예배만 보시지 않고, 우리의 삶도 함께 보십니다.

'예배하는 삶'이라는 말을 들어보았을 거예요. "우리의 삶이 예배여야 한다", "삶의 예배가 중요하다"라는 메시지도 많이 듣지 않았나요. 그렇다면 예배하는 삶이란 무엇일까요? 종일 예배만 하며 사는 삶일까요? 우선, 종일 예배만 하며 사는 것 자체가 불가능합니다.

2020년 7월에 캐나다 퀸즈대학교 조던 포팽크 박사의 연구팀에서 성인 기준으로 8시간 수면 시간을 제외하고, 깨어 있는 시간에 평균 6,200가지 생각을 한다는 연구 결과를 발표했습니다. 이를 토대로 본다면, 하루에도 6,000가지 이상을 생각하며 사는 우리가 그 수많은 생각을 모두 예배에 맞춘다는 건 불가능합니다. '삶의 예배'란 삶이 언제나 예배여야 한다는 말이 아닙니다. 예배하는 삶에 대해 백 퍼센트 완벽한 기준을 보여주는 성경 인물이 있습니다. '백 퍼센트 완벽한 기준'이 해답의 열쇠입니다. 누구일까요?

바로 아담입니다. 선악과를 먹기 전 에덴동산에서 살던 아담은 죄가 없었기에, 그 삶 자체가 하나님이 처음 계획하셨던 모습을 간직하고 있었지요. 그렇다면 에덴동산에서 그는 종일 예배만 했을까요?

> 여호와 하나님이 그 사람을 이끌어 에덴동산에 두어 그것을 **경작하며 지키게** 하시고 창 2:15

그가 에덴동산에서 받은 임무는 두 가지였습니다. 경작하는 것과 지키는 것이었지요. '경작하다'와 '지키다'로 번역된 히브리어 단어를 각각 살펴볼 필요가 있습니다.

아바드(עָבַד) : 경작하다, 섬기다, 땀 흘려 수고하다, 애써 봉사하다
샤마르(שָׁמַר) : 지키다, 보호하다

아담이 에덴동산에서 베짱이처럼 과일이나 먹으면서 유유자적한 게 아닙니다. 아담의 직임은 '아바드'와 '샤마르'였어요. 땀 흘

려 수고하고 애써 봉사하면서 에덴동산을 지키고 보호했습니다.

원래 에덴동산은 삼위일체 하나님이 지으셨어요. 그리고 하나님과 사랑의 관계를 유지하며 그분을 대신하여 아바드와 샤마르를 할 아담을 지으시고 세우신 겁니다.

맞습니다. 아담은 하나님을 대신할 존재로 지어졌어요. 그의 직임은 '하나님을 대신하는 삶'을 사는 것이었습니다. 그러니 에덴동산의 모든 만물이 아담의 손길을 통해 누구를 경험했을까요? 바로 하나님의 손길을 누릴 수 있었습니다.

예배하는 삶은 하나님을 대신하는 삶입니다. 내 생활을 통해서, 내 아바드와 샤마르를 통해 하나님의 손길이 흘러가게 하는 삶이지요. 어찌 보면 너무나 부담스러운 도전입니다.

'과연 하나님을 대신하며 이 험한 세상을 살 수 있을까?'

이런 마음이 드는 게 사실입니다.

성령의 위로

20년 전 일인데도 기억이 생생한 사건이 있습니다.

전도사 시절에 섬기던 교회 담임목사님이 몇 주간 '정직'에 관해 설교했어요. 그러자 한 남자 성도가 교회에 안 나오기 시작했습니다. 이유를 들어보니, 그는 건축 일을 하는데 정직하면 굶어 죽는다는 거예요. 그래서 스스로 떳떳할 수 있을 때, 교회에 다시 출석하겠다고 하더군요. 그의 이야기가 한편으론 이해되지만, 그 말은 신학생이 "돈 벌면 결혼하겠다"라고 하는 것과 같아요. 그런 날은 영원히 오지 않습니다.

그러면 어떻게 우리가 하나님을 대신하는 에덴동산의 아담의 삶을 회복할 수 있을까요? 과연 가능하긴 할까요, 하나님을 대신하여 이 땅에서 살아낸다는 것이….

말씀을 살아낼 지혜도 말씀 안에서 찾아야 합니다. 사도행전을 보면 예루살렘을 중심으로 유대 지역에 흐르던 예수 그리스도의 복음의 역사가 성령의 이끄심 가운데 갈릴리와 이방 지역인 사마리아까지 퍼져나가기 시작합니다. 그때 교회가 성장하는 모습을 역동적으로 설명해 주는 구절이 있습니다.

> 그리하여 온 유대와 갈릴리와 사마리아 교회가 평안하여 든든히 서 가고 **주를 경외함**과 **성령의 위로**로 진행하여 수가 더 많아지니라
>
> 행 9:31

우선 이 말씀의 배경을 알아야 합니다. 놀랍게도, 이 역사는 예루살렘 교회를 비롯하여 초대교회가 유대주의자들의 극심한 박해로 뿔뿔이 흩어질 때 일어났어요. 스데반 집사가 돌에 맞아 순교하고, 성도들이 생존을 위해 유대교의 핍박을 피해 도망쳐야 하는 어려움을 겪을 때였지요.

극심한 어려움 가운데, 오히려 온 유대와 갈릴리와 사마리아 교회는 쇠퇴한 게 아니라 평안하여 든든히 서가고 있었어요. 세상이 주는 환란과 핍박 속에서 초대교회들은 어떻게 성장할 수 있었을까요? 성경은 그 비결이 교회 안과 성도의 삶에 있었다고 말씀합니다. 바로 "주를 경외함"과 "성령의 위로"였지요.

어려운 현실 속에서도, 성도가 세상을 두려워한 게 아니라 하나님을 두려워하며 경외하는 삶을 살아낸 거예요. 극심한 핍박이 도사리는 상황에서 신앙을 버리지 않고, 오히려 하나님 경외하기를 선택하며 나아간 것입니다.

'예수님은 그리스도시며 살아계신 하나님의 아들'이라는 진리를 믿고, 주님을 두려워하며 세상을 살아갈 때, 그들이 만나야 했던 현실은 어땠을까요? 절대로 녹록지 않았을 겁니다.

예수 믿는 것도 제대로 지키기 어려운 상황에서 오히려 더 강력하게 하나님을 경외하며 살아가려니, 만만치 않은 세상의 역풍을 만났을 거예요. 만일 그때 소그룹 모임을 했다면, 눈물 없이는 들을 수 없는 사연들이 넘쳐서 서로가 자기 삶을 나누려 했을 거예요.

그런데 놀랍게도 하나님을 경외하며 살아가는 성도의 삶에 성령의 위로가 함께하기 시작합니다. 이것이 힘이에요. 주를 경외함은 삶의 영역이고, 성령의 위로는 예배의 영역으로 볼 수 있어요. 초대교회에 이런 일이 일어난 거예요.

예배 안에서 찬양과 말씀과 성만찬과 헌물 드리는 시간과 성도의 교제를 통해 온 교회가 성령의 위로를 경험합니다. 그러자 성도가 예배를 통해 부어진 성령의 위로를 힘입어 세상에 나아가 하나님을 경외하는 걸음을 걷기 시작합니다.

그 걸음이 완벽했을까요? 아니요, 그러지 못했을 거예요. 넘어지고 상처받고 쓰러졌겠지요. 하지만 온전하지 못한 걸음이어도 변화는 시작되었을 겁니다. 열 번 쓰러지던 삶이 여덟 번 쓰러졌을 거예요.

그렇게 주님을 붙잡고 아바드와 샤마르를 하며 살다가 교회에 와서 예배드릴 때, 그 예배가 그들에게 어떤 시간이 되었을까요? 예배가 시작되자마자 은혜가 충만히 부어지지 않았을까요. 성령께서 그들을 위로하시고, 그들은 성령의 위로를 힘입어 또다시 세상으로 나갔을 거예요. 그렇게 점점 아바드와 샤마르가 회복되었던 거지요.

저는 실제로 보았습니다. 제가 전도사 시절에 만난 한 성도를 통해서요. 맨날 술 마시고, 밤에 룸살롱을 집처럼 드나들던 한 가장이 있었습니다. 하루는 그가 밤에 차를 몰고 가다가 스치듯 보이는 교회 간판을 보고는, 무언가에 이끌리듯 차를 세우고 작은 상가 교회로 들어갔어요.

그는 그곳에서 예배를 드리다가 하나님의 깊은 만지심을 경험합니다. 모태신앙으로 자라서 관념으로만 알던 하나님이 그날 그의 전인격을 채우기 시작하신 거였지요. 그리고 어떤 일이 벌어졌을까요? 그는 집에 돌아가 아내와 자녀들 앞에 무릎을 꿇고 진심으로 용서를 구했어요.

"여보, 잘못했어! 얘들아, 아빠를 용서해다오!"

비로소 그 가정에 하나님을 대신하는 아바드와 샤마르의 손길이 펼쳐졌지요. 이후 그가 다시 찾은 예배의 자리는 어땠을까요? 더 강력한 성령의 위로가 함께했습니다.

은혜의 순환

여호와는 마음이 상한 자를 가까이하시고 **충심으로 통회하는 자**를 구원하시는도다 시 34:18

하나님은 마음이 상한 자를 가까이하시며, 충심으로 통회하는 자를 구원하십니다. 심지어 시편 51편 17절을 보니, "하나님께서 구하시는 제사는 상한 심령"이라고 말씀합니다.

왜 마음이 상한 자를 이토록 찾으실까요? 예수께서 분명히 말씀하셨어요.

너희가 세상에 속하였으면 세상이 자기의 것을 사랑할 것이나 너희는 세상에 속한 자가 아니요 도리어 내가 너희를 세상에서 택하였기 때문에 세상이 너희를 미워하느니라 요 15:19

예수께 택함 받은 자는 당연히 세상이 미워해요. 그런 세상에서 하나님을 경외하며 살자니 현실이 어떨까요?

하나님이 "중심으로 통회하는 자"를 구원하신다고 하는데, 여기서 '중심으로 통회하다'라는 표현은 원문으로는 '영이 부러졌다'라는 뜻입니다. 왜 영이 부러지겠어요? 세상에서 복음의 진리를 붙들고 믿음으로 살아가자니 어떻게 마음이 안 상하고, 영이 부러지지 않을 수 있겠어요. 그런 사람들을 하나님이 가까이하시고 구원하신다는 거예요.

좀 더 구체적으로 볼까요. 우리는 예수님을 믿는 순간, 믿음으로 말미암아 하나님께 구원받은 자녀로 의롭게 됩니다. 이것을 '칭의'(Justification)라고 하지요. 그런데 구원받았다고 우리 삶이 한순간 거룩하게 바뀌던가요? 그렇지 않은 게 현실이지요.

하지만 한 가지 변화가 시작됩니다. 바로 예수님 닮아가는 삶을 살기 시작해요. 이것을 '성화'(Sanctification)라고 합니다. 그리고 예수님이 심판주로 다시 오시는 그때, 우리는 영과 육체의 부활을 통해 하나님의 자녀로서 합당한 구원의 완성인 '영화'(Glorification)를 누리며 하나님과 함께 새 하늘과 새 땅에서 영원토록 살게 될 것입니다.

그런데 이 땅에서 경험해야 하는 성화는 어떻게 이루어질까요? 바로 주를 경외함과 성령의 위로를 누리는 걸음을 통해 이루어집니다. 그러니 그 과정에서 예배가 얼마나 중요하겠어요. 성도가 예수님을 닮아가는 변화에 있어 예배가 주는 영향력은 절대적이지요.

성숙한 예배는 찬양의 전문성과 설교의 탁월함으로 세워지는 게 아닙니다. 물론 그것도 무시할 수 없을 만큼 중요한 게 사실이지만, 교회는 그보다 더 중요한 은혜의 '동기'(動機)를 갖고 있어야 해요. 성도의 삶에 흐르는 하나님을 경외한 흔적 때문에 하나님께서 예배자를 그냥 보낼 수 없어서 성령의 위로로 가득 채우시는 예배가 우리의 예배여야 합니다.

조심스럽지만, 지금 우리의 예배에는 하나님을 경외함으로 삶을 살아낸 흔적이 거의 없는 경우가 많습니다. 그러다 보니 성령의 위로도 한계를 보일 수밖에요. 아무리 탁월한 설교자와 훌륭한 찬양팀으로 예배를 채워도, 한계를 보이는 이유가 여기 있습니다.

그렇다면 성령의 위로가 먼저일까요, 하나님을 경외함이 먼저일까요? 마치 닭이 먼저인지, 달걀이 먼저인지를 묻는 것처럼 들리지요? 하지만 답이 있습니다. 성령의 위로가 먼저예요.

먼저는 죄인 된 우리를 구원해 주신 예수 그리스도를 바라보는 예배를 통해 성령의 위로를 경험해야 합니다. 그리고 그 은혜가 헛되지 않도록 성령의 위로로 얻은 힘으로 세상에서 하나님 경외하는 삶을 선택하는 겁니다. 그럴 때 다시 예배의 자리로 돌아와서 경험하는 성령의 위로가 더욱 크고 깊게 임합니다. 또한 그 은혜로 다시 힘을 내어 세상에 나아가는 거지요.

은혜의 순환! 이것이 우리의 예배와 삶에 함께하며 예수님을 더 닮아가는 성화를 이루게 합니다. 예배 없이 하나님을 경외하며 사는 건 불가능하고, 하나님을 경외하는 삶 없이는 예배의 은혜 또한 한계가 있을 수밖에 없습니다.

왜 하나님이 가나안 정복을 앞둔 이스라엘 백성에게 40년 동안 광야에서 철저하게 예배 훈련을 시키셨겠어요. 왜 예배를 강조하셨겠어요. 예배가 온전하지 않으면, 하나님을 대신하는 삶을 살 수 없고, 온 열방을 향한 축복의 통로로 온전하게 설 수 없기 때문이에요. 예배가 온전해질 때, 이스라엘은 제대로 된 걸음을 걸어냅니다.

자기 삶을 하나님을 대신하는 삶으로 채우려면, 처음에는 많은 고통과 어려움과 실수가 따를 거예요. 그래서 예수님은 "수고하고 무거운 짐 진 자들"을 부르시고, 약속하시지요.

"내가 너희를 쉬게 하리라"(마 11:28)!

어디서 쉼을 얻고, 어디서 위로를 경험하겠어요? 바로 예배입니다. 예배와 삶이 균형을 이루며 성장하는 거지요. 예배 가운데 경험하는 성령의 위로 없이 내 의지로 하나님을 대신하며 살려고 하면 반드시 한계를 만납니다. 또한 예배 가운데 은혜를 경험하면서도 세상에서 하나님 경외하며 살기를 외면하는 것도 문제가 됩니다. 성도로서 직무 유기예요.

하나님이 힘주셔야 할 이유와 명분을 상실한 예배, 삶으로 흘러가지 않는 예배는 오히려 성도를 병들게 합니다(이 내용은 후에 더 구체적으로 나눌게요).

예배의 진정한 연료는 삶의 순종을 통해 만들어집니다. 하나님을 경외하며 성령의 위로를 누리는 은혜의 순환이 우리 교회와 삶에 가득해야 합니다.

예배, 난제를 푸는 열쇠

유학을 떠날 때, 1년 6개월을 계획했기에 딱 그동안 살 만큼의 재정을 가져갔습니다. 그런데 결과적으로 7년 동안 있게 되었지요. 게다가 처음에는 저와 아내만 갔지만, 3년 사이에 두 딸을 얻으며 네 식구가 되는 자연 성장의 은혜를 경험했습니다.

그러다 보니 유학 생활 2년이 지나면서부터는 일자리를 구해야 했습니다. 그래서 간 곳이 제가 다니던 한인교회의 한 집사님이 운영하시는 미용용품을 파는 상점이었어요. 그곳에서 시간제로 일하며 얼마나 많은 일을 경험했는지 모릅니다.

우선 여성이 착용하는 가발의 모양과 컬러, 미용 제품의 이름을 외워야 했어요. 남자들만 있는 집안에서 나고 자란 제게 모든 것이 신세계였습니다. 그래도 그런 것들은 외우면 되니 할 만했습니다. 그런데 정말 적응이 안 되는 게 있었어요. 눈앞에서 물건을 훔쳐 가는 손님 때문에 매장이 붐빌 때면 눈에 불을 켜고 살피는 일이었지요.

심지어 어느 날은 한 손님이 제 눈앞에서 가발을 훔쳐 도망치더군요. 함께 일하던 아주머니가 크게 소리를 질렀어요.

"미스터 리~ 잡아~!!"

저는 뭐에 홀린 듯 가발을 훔쳐 간 도둑을 잡으러 달리기 시작했습니다. 앞치마를 두르고 흑인 마을을 달리며 생각했어요.

'아니, 내가 경찰도 아닌데 뭐 하는 거지?'

그러다 도둑 일당이 준비된 차에 타는 걸 보고는 가발을 되찾겠다는 일념으로 차에 뛰어들었습니다. 저는 마치 영화에서처럼 차로 끌려가다가 겨우 몸만 빠져나왔고, 차는 멀리 사라지고 말았습니다. 이 광경을 지켜본 한 백인 남성이 차량 번호를 적어서 제게 주면서 말했습니다.

"여기는 경찰에 신고해도 소용없어요."

영화에서나 보던 장면을 직접 경험할 줄 누가 알았겠어요. 신학을 공부하고 교회에서만 사역하던 제게 이런 환경과 업무는 정말 쉽지 않았습니다. 그래도 감사한 것이, 성도가 평일에 어떻게 사는지를 배울 수 있었어요. 주중에 얼마나 치열하게 삶의 현장에서 애쓰다가 주일이면 예배 처소를 찾는지를 깨닫는 값진 시간이었습니다.

시간이 흘러, 저는 더 많은 일을 맡았습니다. 큰 트럭을 몰고 미용용품을 도매점에서 소매점들에 전달했지요. 일과 학업과 교회 사역을 병행하던 어느 날이었습니다.

학교 과제를 밤새워 작성하여 제출하고는 곧장 일하러 트럭을 몰고 나갔습니다. 오전은 견딜 만했는데, 늦은 점심을 먹고 나니, 세상에서 가장 무겁다는 눈꺼풀이 내려오기 시작했어요. 결국 졸음운전으로 앞에 서 있던 차량을 크게 추돌하는 교통사고를 내고 말았습니다. 차량은 심하게 파손되었고, 트럭 안에 싣고 있던 물품까지도 망가지고 말았지요.

생전 처음, 그것도 미국에서 교통사고를 겪은 거예요. 제 실수로 저지른 일이어서 사고 현장으로 찾아온 가게 주인 집사님에게는 죄송한 마음뿐이었고, 결국은 사고를 수습하는 자리에서 일을 그만두었습니다. 너무 당황한 나머지 온몸이 아려도 병원에 갈 생각조차 못 했어요.

사고를 수습하고 집으로 돌아가는데, 마음이 어찌나 서럽고 아프던지요.

'내가 뭐 하러 여기 와 있지. 이러려고 온 건가!'

이런 생각이 저를 괴롭혔습니다. 열심히 살려고 해도 힘에 부치는 상황을 만나니 좌절감을 이기기가 어려웠어요. 무척이나 힘들게 그 밤을 보냈습니다.

그런데 하필 다음날이 주일이었어요. 저는 한인교회에서 예배 사역자로 주일예배를 섬기고 있었는데, 제가 사고를 낸 가게 주인 집사님이 찬양팀 베이스 연주자였어요.

저도 마음이 어려웠지만, 집사님도 저를 보기가 참 힘들었겠지요. 하지만 둘 다 그런 마음을 뒤로하고 예배를 섬겨야 했습니다. 사고 난 날보다 더 암담하더군요. 하지만 저는 그날의 예배를 잊지 못합니다.

예배 시작 10분 전만 해도 온몸이 아프고, 마음까지 어려워서 예배를 섬기지 못할 것 같았어요. 얼마나 심란한지 마음을 가라앉히기가 힘들었습니다.

그렇게 시작한 예배였는데, 찬양 중에 기쁨이 임하기 시작했어요. 예배는 신비 중의 신비입니다. 이상할 정도로 갑자기 마음이 차분해지면서 예배에 집중하게 되더군요. 어찌나 강력한 성령의 위로가 제게 임하던지요.

뒤를 보니, 예배 가운데 임하신 성령의 위로하심이 베이스를 연주하던 집사님에게도 흘러가고 있었습니다. 그날 예배를 마치고, 집사님과 저는 자연스럽게 서로 용납하고 이해하며 더 깊은 신뢰와 사랑의 관계가 되었습니다.

예배는 참으로 놀라운 신비입니다.

살면서 어려움을 만나면 예배로 풀어내세요.

상처가 있어도 경외함으로 예배의 자리를 지킬 때,

하나님은 더욱 강력한 성령의 위로를

예배 가운데 부어주십니다.

그러면서 하나님을 더욱 경외하는 삶을 살게 되지요.

성도에게 예배 없는 건강한 삶이란 있을 수 없어요. 하나님을 경외하는 삶 없이 드리는 예배도 반드시 연료가 소진되어 문제를 일으키지요. 예배 가운데 이 '은혜의 순환'을 꼭 경험해야 합니다.

좋은 설교를 들으면 감격해서 눈물을 흘리기도 하는데, 왜 하루만 지나도 기억에서 가물가물할까요? 그건 하나님을 경외하는 삶을 놓쳤기 때문일 수 있어요. 또한 하나님 말씀에 순종하려고 열심히 노력하는데, 왜 자꾸 쓰러지고 넘어질까요? 내 안에 예배를 통해 부어지는 성령의 위로를 놓쳤기 때문일 수 있어요.

예배와 삶이 건강한 균형을 꼭 이루길 바랍니다.

그러므로 형제들아 내가 하나님의 모든 자비하심으로 너희를 권하노니 너희 몸을 하나님이 기뻐하시는 거룩한 산 제물로 드리라 이는 너희가 드릴 영적 예배니라 롬 12:1

07 예배를 준비하는 예배자

W O R S H I P

예배를 위한 준비

그러므로 형제들아 우리가 예수의 피를 힘입어 성소에 들어갈 담력
을 얻었나니 히 10:19

교회는 모두에게 문이 열려 있어야 합니다. 누구라도 구원의
길로 인도할 구원의 방주와 같은 역할을 감당해야 하지요. 예배
도 마찬가지입니다. 누구든지 와서 예배 자리에 참여할 수 있어
야 하고, 누구에게나 예배 공간이 열려 있어야 합니다.

하지만 분명한 사실이 있습니다. 물리적으로 참여한다고 해서
다 예배를 드릴 수 있는 건 아닙니다. 모두에게 열려 있지만, 아
무나 드릴 수 없는 게 예배지요.

하나님께 예배를 온전하게 드리기 위해서는 반드시 갖추어야할 조건이 있습니다. 또한 좋은 예배자가 되기 위해서 말씀을 따라 준비해야 하는 부분도 있어요. 예배자로서 우리가 가져야 할 기본자세와 태도가 성경에 담겨 있습니다.

성경 말씀을 따라 예배를 준비하고 태도를 맞춰간다면, 우리는 예배를 통해 놀라운 생명을 경험할 것입니다.

벌써 20여 년 전 일이네요. 갓피플에서 '예배 지각 안 하기 캠페인'을 열어 한국교회에 '예배 10분 일찍 오기' 운동을 일으켰지요. 10분만 일찍 와도 예배가 회복될 수 있다고 본 거예요.

당시 실제로 10분 일찍 와서 기도로 예배를 준비하며 예배에 임하니, 이전과 다른 예배의 감격을 누릴 수 있었다는 간증을 주변에서 많이 들었습니다.

10분만 일찍 와도 예배가 달라지는데, 성경 말씀을 마음에 새기며 예배를 준비한다면, 예배가 얼마나 더 풍성해질까요! 예배를 드리기 위해 우리가 무엇을 준비해야 하는지 다섯 가지로 나누어 살펴보겠습니다.

1) 성경적 '예배 기획 기준'을 세우라

우리가 그 안에서 **그를 믿음으로 말미암아** 담대함과 확신을 가지

고 하나님께 나아감을 얻느니라 엡 3:12

또한 **그로 말미암아** 우리가 믿음으로 서 있는 이 은혜에 들어감을
얻었으며 하나님의 영광을 바라고 즐거워하느니라 롬 5:2

이 두 구절은 어떻게 하나님 앞으로 나아갈 수 있는지를 분명
히 말씀해 줍니다. 우리는 예수 그리스도를 믿음으로 말미암아
하나님께 나아감을 얻고, 그분의 영광을 바라며 즐거워할 수 있
습니다.

이제 예배의 자리에서 죄의 문제를 해결하기 위해 제물을 준비
할 필요는 없지만, 하나님 앞에 서기 위해서는 반드시 한 가지가
필요해요. 그것은 바로 '예수를 나의 구주로 믿어 거듭나는 것'입
니다. 그래야만 하나님을 온전하게 예배할 수 있지요.

예배는 거듭난 사람이 하나님께 드리는 것입니다. 물론 새신
자도 예배를 통해 하나님을 만날 기회를 얻을 수 있지만, 그렇다
고 해서 예배가 새가족을 위해 디자인되는 건 생각해 봐야 할 문
제입니다. 예배는 예배다워야 하고, 성경적이어야 해요. 모세의
성막을 보세요. 타협이 없습니다. 기준이 분명해요.

기독교 역사에 이 부분이 얼마나 중요한지를 말해주는 사례가
있습니다. 초대교회 시대부터 로마제국은 기독교에 극심한 박해
를 가했습니다. 그런데도 그리스도인들은 신앙의 중심을 지키며

믿음을 타협하지 않았어요. 세상이 예배를 금하면, 예배의 자유를 위해 동굴로 들어갔습니다.

수많은 거짓 뉴스와 세상의 오해 속에서도 신앙의 중심을 놓치지 않았어요. 목숨 걸고 예배했고, 목숨 걸고 성만찬을 나누었지요. 그 과정에서 놀라운 반전이 일어납니다. 오히려 예수 그리스도를 구주로 믿으며 회심하는 자가 늘었고, 교회는 성장의 역사를 만들어갔지요.

그리고 결국 교회가 승리합니다. 서기 313년 콘스탄티누스 황제가 '밀라노 칙령'을 발표합니다. 이로 인해 로마제국에서 기독교가 허용되어 교회와 신자들의 재산이 복구되고, 예배의 자유가 공식적으로 주어졌지요. 그리고 380년에 '데살로니가 칙령'을 통해 기독교는 로마제국의 국교가 됩니다.

이제 마음껏 하나님을 예배할 일만 남았는데, 아이러니하게도 이때부터 교회 예배는 많은 문제를 만납니다. 로마제국에서는 이전에 로마시민들이 예배하던 예배처를 '만신전'(萬神殿)이라고 불렀습니다. 온갖 신을 섬기기 위해 수많은 형상을 만들어놓고 그 앞에서 제사 지내는 게 당시 로마의 예배 문화였지요.

그런 가운데 로마의 국교가 기독교로 정해지자, 많은 사람이 집단으로 개종하여 교회에 출석하기 시작합니다. 이런 일은 초대교회 이래로, 교회가 처음 겪어보는 낯선 상황이었지요.

기독교가 박해받던 때는 예수 믿는 것 자체가 엄청난 고통과 고난을 수반했기에 온전한 믿음이 없으면 교회의 일원이 되는 게 불가했지만, 국교가 되자 믿음이 없어도 나라의 정책을 따라 교회에 출석하는 사람들이 등장했습니다.

개종한 로마시민들이 교회로 찾아와 예배를 드리기 시작하면서 문제가 생겼지요. 그들이 보기에 교회가 너무 깨끗한 거예요. 그래서 그들은 자신들이 예배하던 만신전과 비교하면서 교회에 요청합니다. 예배당이 예배당 같지 않으니, 십자가상, 마리아상, 예수님의 제자들 형상을 만들어서 예배드릴 분위기를 조성해 달라고 말이지요.

교회는 그들의 요구 사항을 수용하여 예배 처소에 성상을 세우기 시작합니다. 그러면서 기독교의 예배가 말씀과 성만찬 중심의 예배에서 궁정 의전의 영향을 받은 '의전 중심의 예배'로 점점 전환되었지요. 또한 이교 예식에 사용되던 순서까지도 예배에 반영되고, 나중에는 예배 중간에 황제를 높이고 존경을 표하는 순서까지 들어갔어요.

예배에서 말씀의 권위가 사라지고, 유일한 예배 대상이신 하나님의 자리를 마리아와 성인들이 차지했지요. 자연스럽게 사람들이 성상 앞에 모여 예배하고 기도하면서 성상 숭배가 교회 안에 깊숙이 자리 잡게 됩니다.

그로 인해 많은 사람이 교회로 모여들었을지 모르지만, 사람의 기호에 맞게 예배가 디자인되자, 예배의 생명력은 점차 희미해졌습니다. 그래서 훗날 종교개혁을 거쳐 신앙의 순전함을 지키고자 몸부림쳤던 청교도들은 예배 처소를 단순하고 소박하게 지었지요. 십자가나 성상 등의 장식을 철저히 배제하여 예배 때 오직 하나님께만 집중하도록 했어요. 자칫 십자가까지도 하나님보다 더 의지하는 우상이 될 수 있다고 여기며 경계한 것입니다.

우리는 하나님을 어떻게 예배하고 영화롭게 해드려야 하는지 알 수 없습니다. 하나님을 예배하는 길, 하나님 앞으로 나아가는 길은 하나님만 아시기에 하나님만 알려주실 수 있어요. 성막이 그랬지요.

한때 '구도자 예배'(신앙이 없거나 교회에 익숙하지 않은 사람을 대상으로 기획한 예배)가 유행했습니다. 예수님을 모르는 이들을 위해 예배를 기획한 거예요. 예배 때 건전한 대중 가요를 부르거나 드라마나 연극을 보여주면서 예배를 통해 하나님을 만나도록 한다는 취지였습니다.

그러나 예배 본연의 의미를 본다면, 구도자들은 예배에 참여할 수는 있어도 예배자로 서는 건 불가능합니다. 아무리 '영혼 구원'이라는 고귀한 가치를 담고 있어도, 이것이 예배의 목적이 될 수는 없기 때문이지요. 만약 예수 그리스도를 아직 모르는 구도자를 위해 기획한다면, 전도 집회나 모임을 하는 게 옳겠지요.

처음에 하나님이 이스라엘 백성에게 제시하신 예배인 모세의 성막을 보세요. 하나부터 열까지 한 치의 양보도 없었습니다. 하나님의 기준 안에서 예배하라고 명령하셨지, 애굽에서 430년간 종살이한 이스라엘 백성을 배려하지 않으셨어요. 오히려 철저하게 가르치시고, 이 진리에 맞는 예배자들이 되도록 훈련하셨습니다.

우리의 예배가 그래야 합니다. 예배의 수준이 믿지 않는 이들을 위해 하향 평준화되면 안 됩니다. 더욱 온전하고 성경적인 예배를 추구해야 하지요. 그래서 그 예배에 성령의 강력한 임재와 이끄심이 있고, 그 놀라운 하나님의 임재 앞에서 초신자라 해도 변화되며 예배자로 서는 역사를 교회가 보아야 합니다.

예배의 주인공이신 하나님을 위해 우리의 섬김은 언제나 최선이어야 합니다. 우리가 하나님의 뜻 안에서 철저하게 순종하며 전심으로 예배한다면 어떤 일이 일어날까요? 더욱 온전한 교회, 더욱 온전한 예배자로 서게 될 것입니다.

우리는 '하나님을 위해' 창조되었어요. 예배의 주인공은 오직 하나님 한 분이세요. 예배는 하나님을 위해서만 존재해야 합니다. 그래서 교회는 성경이 말씀하는 예배를 기획하고, 성경을 따라 예배하도록 힘써야 하지요. 하나님이 기뻐하시고 그분이 원하시는 예배를 기획해야 합니다.

그 과정에서 사람들이 최선을 다해 예배드릴 수 있도록 배려하고 고민하는 건 필요하지만, 너무 많은 요소를 사람의 취향과 선호에 맞추는 건 경계해야 합니다. 힘들고 수고스러워도 헌신해야 하는 게 예배의 자리입니다.

나를 위해 십자가를 지셨고 생명을 주신 예수께 우리의 모든 영광과 세상의 모든 면류관을 올려드리는 시간이 바로 우리가 드려야 할 예배임을 기억해야 합니다.

2) '기도'로 예배를 준비하라

예배자는 기도로 예배를 준비해야 합니다. 왜 예배 전에 이 시간이 필요할까요?

하나님은 영이시기에 우리가 영으로 예배해야 한다고 했습니다. 곧 예배는 하나님과 우리가 영적으로 소통하는 시간이지요. 그러니 정신없이 분주한 일상에서 빠져나와 예배 처소를 찾은 우리에게는 기도로 예배를 준비하는 시간이 꼭 필요합니다.

그러면 예배 전에 어떤 기도를 드려야 할까요?

하나님이여 내 속에 정한 마음을 창조하시고 내 안에 정직한 영을 새롭게 하소서 시 51:10

내 속에 깨끗한 마음을 창조하시고, 내 안에 정직한 영을 새롭게 해달라고 하나님께 간구해야 합니다.

왜 하나님께 기도해야 할까요? 스스로 내 마음을 새롭게 하기가 어렵기 때문입니다. 세상에서 가장 추스르기 힘든 것이 '내 마음' 아닌가요. 우리는 마음을 스스로 정리할 수 없습니다. 마음은 하나님만이 만지실 수 있어요.

그래서 우리가 기도할 때, 하나님께서는 깨끗한 마음을 불어넣어 주시는 '마음 창조 사역'과 내 안의 선한 마음을 점검하시며 필요한 영역은 새롭게 하시는 '마음 보수 사역'을 하시지요. 그러기에 우리는 예배 전에 기도로 나아가야 합니다.

예배 전에 도착해서 기도를 통해 마음이 새롭게 되는 역사를 누린 후에 드리는 예배와 예배 중간에 들어와서 분주한 마음이 정리되지 않은 채로 드리는 예배를 비교할 수 있을까요.

우리는 기도함으로써 하나님과 친밀한 교제를 나누며 하나님의 임재를 간구할 수 있습니다. 또한 영적 공격이나 방해로부터 보호받을 뿐 아니라 영적으로도 무장할 수 있지요. 특히 사단은 타락하기 전에 하나님나라를 섬겨왔기에 예배의 가치와 목적을 잘 압니다. 그래서 전력을 다해 예배의 흐름을 막고, 예배를 무력하게 만들려고 하지요. 예배를 방해하고 흔드는 사단의 공작이 예배자의 삶에 얼마나 집요하게 파고드는지 모릅니다.

그래서 예배자는 예배 전에 반드시 기도하며 하나님께 엎드려 그분의 전신 갑주를 입는 은혜를 누려야 합니다. 그러면 이후 부어지는 예배에 하나님께서 왕 되셔서 다스리며 역사하실 것입니다.

예배 준비에 있어서 중보기도가 얼마나 중요한지 모릅니다. 우리 교회에도 예배 전에 모여 예배를 위해 강력하게 중보하는 팀이 있습니다. 그날 드려질 예배를 위해 1시간 동안 강력하게 기도하지요. 예배 전체를 위해 중보기도가 채워지니, 얼마나 귀한 은혜가 예배 가운데 흘러가는지 모릅니다.

이때 제게는 한 가지가 더 보입니다. 중보 시간을 가진 후 예배를 대하는 성도에게서 보이는 '영적 안정감'입니다. 은혜받을 준비가 되어 있을 뿐 아니라, 이미 은혜가 충만하여 얼굴이 해같이 밝게 빛나는 그들을 보면 참 기쁘고 감사합니다. 저도 이런데, 우리 하나님은 어떠실까요? 기뻐 춤추지 않으실까요. 예배는 반드시 기도로 준비해야 합니다.

3) '형제와의 화목'으로 예배를 준비하라

예물을 제단 앞에 두고 먼저 가서 형제와 화목하고 그 후에 와서 예물을 드리라 마 5:24

전도사 시절, 작은 상가에 있는 개척교회를 섬겼습니다. 막 세워진 교회였지만, 얼마나 많은 하나님의 역사하심을 경험했는지 모릅니다. 아무것도 없는 상황에서 하나님만 의지하여 걸어가는 걸음걸음에 하나님은 신실하게 응답하시는 은혜를 보이셨습니다. 젊은 시절에 그런 교회에서 사역하며 배울 수 있어서 감사했지요.

그러던 중 교회에서 40일간 '특별 성령 집회'를 열었습니다. 매주 주제를 정해 저녁마다 모여서 뜨겁게 예배하며 하나님께 나아갔지요. 작은 예배 공간을 성도가 가득 채우다 보니 집에서 가져온 담요를 바닥에 깔고 앉아서 예배드려야 했고, 악기는 어쿠스틱 기타와 건반이 전부였지만 하나님을 뜨겁게 예배했습니다.

어느덧 집회 마지막 주간이 되었고, 주제는 '부흥'이었습니다. 지금도 생생히 기억납니다. 설교 말씀을 들은 후에 다 함께 〈부흥〉을 부르기 시작했지요. 40일간 쌓여온 하나님을 향한 갈망이 찬양을 통해 쏟아져 나오는 듯했어요. 당장 부흥의 역사가 일어나도 전혀 이상하지 않은 분위기였습니다.

바로 그때, 찬양 인도를 하던 제 마음에 성령의 감동이 찾아왔습니다.

'네 친척 ○○를 만나서 함께 식사해라.'

부흥을 향한 열정을 쏟아부으며 찬양 인도를 하던 저는 당황스러웠습니다. 따뜻하면서도 단호하게 다가온 성령의 감동이었지만, 당시의 상황이나 주제, 분위기와는 전혀 어울리지 않았기 때문이지요.

게다가 하나님이 만나라는 마음을 주신 친척은 우리 가족과 원수지간이었습니다. 그는 우리 가정이 극심한 어려움을 겪을 때, 어머니에게 도움을 준다는 명목으로 다가와 그나마 있던 재정까지 다 소진하게 만든 사람이었지요. 그때 받은 상처와 배신감이 여전히 아물지 않은 상태였습니다.

그러니 부흥을 노래하며 나라와 열방을 향한 하나님의 마음을 품고 전심으로 나아가던 그때, 제 마음을 두드린 성령의 감동이 참으로 당혹스러웠지요. 다른 때는 안 그러시던 하나님이 그날은 어찌나 강한 확신을 주시는지, 그 마음을 외면할 수가 없었습니다.

하나님은 그날 밤에도, 다음 날 아침에도 제 마음을 계속 두드리셨고, 결국 저는 마음을 정했습니다. 몇 년간 연락한 적 없는, 심지어 제 결혼식에도 초대하지 않은 그의 전화번호를 찾아 통화버튼을 눌렀지요.

"여보세요?"

놀란 듯한 그의 목소리가 수화기 너머로 들려왔습니다.

"저예요. 잘 지내셨죠. 다름이 아니라, 시간 있을 때 함께 식사하면 어떨까 싶어 연락드렸어요."

하나님이 주신 마음이 그와 만나서 식사하라는 감동이었기에, 수년 만의 연락이지만 더하거나 덜하지 않고 정확하게 식사만 하자고 했습니다. 만일 그가 거절한다면, 저는 순종했으니 더 이상 어쩔 수 없다고 생각했지요. 그래서 한편으로는 거절해 주길 바랐어요. 그런데 의외의 답변이 돌아왔습니다.

"그래, 연락해 줘서 고맙구나. 토요일에 만나서 식사하자."

어찌나 신실하게 일이 진행되던지요. 토요일이 되어 그가 지내는 곳 근처의 한 식당으로 갔습니다. 아내도 그와 인사한 적이 없기에 함께 갔지요. 그의 아이들을 위한 작은 선물도 준비했습니다.

만남이 참 어색했지만, 그래도 괜찮았습니다. 식사만 하면 된다는 목표가 있었기 때문이지요. 식사 중에 그가 물었습니다.

"아버지… 몸은 어떠서?"

그러면서 그가 갑자기 눈물을 흘리기 시작했습니다. 당시 아버지는 뇌경색으로 쓰러져 힘든 시간을 보내고 있었어요. 그는 본인의 행동이 그런 상황을 일으켰다고 생각해서 참회의 눈물을 흘리는 것 같았습니다.

식사만 하고 빨리 일어서려 했는데, 그의 눈물을 보자 제 마음이 움직였습니다. 우리는 식사 후에 그의 집으로 가서 이야기를 좀 더 나누었습니다. 그런데 참 정확하게도, 잘살아 보겠다고 눈앞의 이익을 좇아 옳지 않은 행동을 하면, 절대 잘살지 못하더라고요. 마음이 아팠습니다. 그리고 그날 하나님은 제게 용서하는 마음을 심어주셨습니다.

돌아오는 차 안에서 제 마음은 기쁨과 평안으로 충만했습니다. 그때 제 마음에 하나님의 감동이 음성처럼 들렸습니다.

'태재야, 내가 영광 받았다! 네가 찬양으로 부흥을 노래할 때

보다 지금 더 영광 받았다.'

저는 제대로 운전할 수 없을 정도로 하염없이 울고 또 울었습니다. 하나님의 마음을 알게 되었기 때문입니다. 그와 만나서 점심을 먹으라는 마음을 주신 건 하나님의 용서 프로젝트의 일환이었습니다. 얼마나 인격적이신가요!

만일 하나님께서 갑자기 그를 용서하라고 하셨다면, 제 마음이 준비되지 않아서 순종하지 못했을 것 같습니다. 그런 제게 그와 점심이나 함께하라며 제 마음을 부드럽게 여겼고, 용서하는 마음을 받을 준비가 될 때까지, 가장 은혜받는 자리에 이르기까지 기다리셔서 최적의 타이밍으로 인도하셨음을 알게 되었습니다.

마태복음 5장 24절 말씀이 떠올랐지요.

예물을 제단 앞에 두고 먼저 가서 **형제와 화목하고** 그 후에 와서 예물을 드리라

왜 하나님이 이런 말씀을 하셨을까요? 가정을 해보겠습니다. 제게 두 딸이 있습니다. 그들이 아빠인 제게는 잘하는데, 자기들끼리는 몹시 미워하고 원수처럼 지낸다면 제 마음이 어떨까요? 저라도 이렇게 말할 것 같습니다.

"얘들아! 나한테 잘하지 않아도 좋으니 서로 화해하고 사랑하면서 살아라. 그게 효도하는 거야!"

하나님 마음이 딱 이러실 거예요.

예배는 강력한 순종의 결정체입니다. 결국 예배는 나를 내려놓고 하나님의 뜻을 발견하며 그 앞에 엎드리는 시간이지요.

여호와는 마음이 상한 자를 가까이하시고 **충심으로 통회하는 자**를 구원하시는도다 시 34:18

하나님은 "충심으로 통회하는 자"를 구원하십니다. 앞 장에서 '통회하다'의 원어 의미가 '마음 중심(영)이 부러지다'라고 했습니다. 하나님의 구원은 자아가 펄펄 살아 있는 자에게 임하지 않고, 하나님의 뜻 앞에 자기 중심을 부러뜨린 자에게 임합니다.

하나님의 말씀을 자세히 보세요. 예물을 제단 앞에 두고 먼저 가서 누구와 화목하라고 하시나요? 원수인가요? 아닙니다. "형제"와 화목하라고 하세요. 나는 그가 너무 밉지만, 하나님이 '형제'라고 하시면, 하나님의 마음을 헤아려 내 중심을 부러뜨리는 거예요. 용서하고 싶지 않은 내 완고한 마음을 하나님 앞에서 깨뜨리고 순종하는 겁니다.

그럴 때 하나님이 영광을 받으세요. 제물을 드리는 것만 예배가 아니라, 제물을 두고 먼저 형제를 찾아가서 화목하고, 하나님 앞으로 돌아오는 것도 예배인 거지요.

하나님의 말씀을 들어서 손해 볼 게 하나도 없습니다. 앞서 예배는 하나님을 위한 것이면서, 결국은 우리를 위한 거라고 말했지요. 용서도 마찬가지입니다. 용서로 가장 큰 유익을 얻는 건 용서받은 사람이 아니라 용서한 사람입니다.

우리 모두 하나님 아버지의 마음을 헤아려 형제와 화목하는 자리로 나아가는 순종의 걸음을 내딛기를 축복합니다.

4) '회개함'으로 예배를 준비하라

예수님은 우리 죄를 대신 지시고 십자가에서 죽으심을 통해 완전한 속죄를 이루셨습니다. 우리의 죗값을 대신 치러주셨지요.

> 하나님이 죄를 알지도 못하신 이를 우리를 대신하여 죄로 삼으신 것은 우리로 하여금 그 안에서 하나님의 의가 되게 하려 하심이라
>
> 고후 5:21

우리가 예수 그리스도를 믿기만 하면, 예수 보혈의 권세 아래 의롭다 함을 받아 하나님의 자녀가 되는 권세를 얻게 됩니다(요 1:12). 우리는 예수 안에서 거듭나 새로운 피조물이 되었습니다. 하지만 현실에서는 여전히 죄와 싸워야 합니다. 구원은 예수님을 믿음으로 단번에 주어졌지만, 성화는 평생 이루어야 하지요.

그런즉 사랑하는 자들아 이 약속을 가진 우리는 하나님을 두려워

하는 가운데서 거룩함을 온전히 이루어 육과 영의 온갖 더러운 것에서 자신을 깨끗하게 하자 고후 7:1

구원의 약속을 받았지만, 삶의 자리에는 육과 영(근래 복음주의 신학에서는 사람을 영혼육으로 구분하는 삼분설보다 영과 혼을 같은 의미로 보는 이분설이 널리 수용되고 있습니다)의 온갖 더러운 것의 도전이 끊이질 않습니다. 특히 예수를 믿어 구원에 이르게 되었음에도, 여전히 죄의 유혹에 노출되어 있지요. 성경은 마귀가 굶주린 사자처럼 집어삼킬 자를 찾으니, 성도는 근신하고 깨어 있어야 한다고 강력히 경고합니다(벧전 5:8).

우리는 여전히 죄와 싸워야 할 뿐 아니라, 죄로 인해 수없이 넘어지고 쓰러집니다. 평생 하나님의 복음을 위해 살았던 사도 바울조차도 그의 노년에 자신을 "죄인 중에 괴수"라고 고백하니(딤전 1:15), 어느 누가 죄에서 자유롭고 떳떳하다고 자신할 수 있을까요!

죄와 죄책감의 문제는 예배에도 심각한 걸림돌이 됩니다.

제가 예수전도단 홍천 DTS에서 훈련받을 때, 몇 주가 지난 시점에 소그룹으로 '씻김기도' 시간을 가졌습니다. 이는 삶에서 나를 무너뜨렸던 심각한 죄, 회개했음에도 여전히 정죄감으로 고통받고 있는 죄의 뿌리를 고백하며 어둠을 빛 가운데 드러내는 시간이었지요(남성과 여성으로 나뉘어 소그룹으로 진행했습니다).

그런데 씻김기도를 진행하기 전에 심한 영적 갈등이 있었습니다. 당일 아침이 되자, 학생들이 아침도 잘 먹지 않고 저마다 학교 밖 언덕으로 나가 개인 기도를 하거나 한숨을 쉬며 무작정 건기도 하더라고요.

살면서 한 번도 드러낸 적 없는 치부를 정직하게 고백해야 하는 시간이기에, 저도 얼마나 힘들었는지 모릅니다. 예수님을 뜨겁게 만나 신학교까지 갔는데도, 여전히 간직해 온 죄의 습관과 죄로 인해 새겨진 지워지지 않는 정죄감으로 많은 고통을 받고 있어서, 씻김기도의 자리는 기대가 아닌 두려움 그 자체였습니다.

하지만 막상 씻김기도가 시작되자 예수 보혈의 은혜가 모든 두려움을 압도했습니다. 저는 하나님과 믿음의 지체들 앞에서 제 죄악을 더하거나 덜하지 않고, 있는 그대로 철저하게 고백했습니다. 내 죄를 대속하시기 위해 십자가에서 죽으시고 부활하신 예수 보혈의 권세를 의지하며 회개하자 오열이 터져 나왔습니다. 그동안 죄책감으로 묶여 있던 죄와 불신의 영역을 깨달았고, 예수 보혈의 권세와 구원의 은혜가 저를 덮는 것을 생생하게 느꼈지요. 동시에 다른 형제들의 죄악과 그로 인해 고통받은 이야기를 들으면서 죄의 심각성을 처절히 깨달았습니다.

저는 개인적으로, 이런 씻김기도와 같은 사역은 서로의 비밀을 지켜주며 중보해 줄 수 있는 믿음의 성숙함이 확인된 모임에서,

충분한 이해를 가지고, 기도로 준비하면서 진행하는 것이 필요하다고 생각합니다. 일반 교회에서 진행하기에는 유익함보다 무리가 될 측면(나눈 이야기가 비밀로 지켜지지 못하거나 신앙의 미성숙함으로 잘못된 판단과 정죄가 일어날 위험 등)이 있기 때문입니다.

그런데 씻김기도의 절정은 죄를 고백하는 시간이 아니었습니다. 모든 소그룹이 씻김기도를 마치고 다 함께 예배를 드렸는데, 이때가 절정이었지요.

예수 보혈의 권세와 능력이 얼마나 놀라운지, 그것이 각 예배자에게 새겨지니 예배 가운데 강력한 기쁨과 자유함이 부어졌어요. 온 맘 다해 춤추며 하나님을 찬양했습니다. 내 죄를 씻겨주신 예수님의 십자가 사랑 앞에 환호성이 터져 나왔지요. 하나님을 높여드리며 경배하는 시간에는 강력한 하나님의 임재가 예배자들과 예배 공간에 더욱 충만하게 임하기 시작했습니다.

철저히 회개하며 죄의 문제를 다루고 예배에 임하니 예수님을 향한 진정한 감사와 찬양이 일었어요. 우리의 시선이 하나님을 향해 고정되자, 경배의 자리에 은혜가 넘치도록 역사한다는 사실을 몸소 깨달았습니다.

우리가 이런 은혜 안에서 더 집중해야 할 건, 예수님의 십자가 대속의 은혜를 믿음으로 바라보는 것입니다. 아무리 내 죄가 주홍빛 같고, 죄책감이 나를 짓누를지라도, 내 감정과 생각의 상태와 상관없이 이미 모든 죗값을 십자가에서 단번에 치르신 예수님을 믿음의 눈을 들어 바라보아야 합니다.

우리가 죄를 깨달아 예수님을 의지하며 회개할 때, 주는 미쁘시고 의로우셔서 우리의 모든 죄를 사해주십니다. 이 진리가 온전히 믿어지자 담대해졌습니다. 스스로 자격이 없다고 느끼게 하는 사단의 참소나 그로 인한 좌절감보다 훨씬 크신 말씀의 힘을 누리니 그렇게 되더라고요.

사단의 참소가 찾아와도, 부족한 나를 구원해 주신 예수님의 은혜를 더욱 찬양하며 담대히 나아갈 힘이 믿음 안에서 생겼습니다. 이는 죄에 대해 무감각해지고 뻔뻔해진다는 말이 아닙니다. 예수 보혈의 권세와 능력을 더 분명하게 바라보기 시작한다는 거예요.

예배 전에, 예배 처소에 앉아서 나의 죄를 자복하고 간절히 회개한다면, 크신 일을 이루신 삼위일체 하나님을 향한 감사와 찬양으로 예배가 가득 채워질 것입니다.

5) '포기하지 않는 마음'으로 예배를 준비하라

모세가 항상 장막을 취하여 진 밖에 쳐서 진과 멀리 떠나게 하고 회막이라 이름하니 여호와를 앙모하는 자는 다 진 바깥 회막으로 나아가며 모세가 회막으로 나아갈 때에는 백성이 다 일어나 자기 장막 문에 서서 모세가 회막에 들어가기까지 바라보며 모세가 회막에 들어갈 때에 구름 기둥이 내려 회막 문에 서며 여호와께서 모세와 말씀하시니 모든 백성이 회막 문에 구름 기둥이 서 있는 것을 보고 다 일어나 각기 장막 문에 서서 예배하며 사람이 자기의 친구와 이야기함같이 여호와께서는 모세와 대면하여 말씀하시며 모세는 진으로 돌아오나 눈의 아들 젊은 수종자 여호수아는 회막을 떠나지 아니하니라 출 33:7-11

말씀을 보면, 두 부류의 예배자가 보입니다. 친구와 이야기하듯이 하나님과 친밀하게 만나는 생명의 예배를 드리는 예배자인 모세와 그런 모세를 그저 바라볼 뿐, 하나님을 먼발치에서 구경하는 예배자인 이스라엘 백성이지요.

하나님을 만나 생명을 경험하는 예배자가 있는가 하면, 남들이 만나는 하나님, 내게는 너무 먼 하나님을 바라만 볼 뿐, 예배를 구경만 하는 사람도 있습니다.

그런데 소망이 되는 것은, 똑같이 모세를 바라보았지만 끝까지 포기하지 않고 하나님께 나아간 예배자, 바로 여호수아가 있었다는 사실입니다. 그는 모두가 회막을 떠나 돌아가고 심지어 모세까지 돌아갔지만, 회막을 떠나지 않고 하나님께 매달립니다. 회막에 홀로 남아 하나님을 붙잡은 여호수아가 후에 어떻게 되었나요? 모세의 뒤를 이어 이스라엘을 이끈 그가 어떤 리더십을 보였는지를 보면, 질문의 답을 찾을 수 있습니다.

　모세와 여호수아의 리더십에는 차이가 있습니다. 둘은 아주 비슷한 일을 겪습니다. 아주 상징적인 장면인데요, 모세는 홍해 앞에 서고, 여호수아는 요단강 앞에 서게 됩니다. 홍해 앞에 선 모세가 어떤 모습으로 나아가나요? 그가 지팡이를 들고 손을 바다 위로 내밀자 물이 갈라집니다. 온 이스라엘 백성이 그를 바라보지요. 그들은 이후에도 언제나 모세를 찾습니다.

　"배고파, 모세", "힘들어, 모세", "우리를 왜 이곳으로 데려왔어, 모세?"

　모세의 리더십은 우리에게 익숙한 '카리스마 리더십'입니다. 그런 모세 다음으로 세워진 사람이 여호수아입니다. 여호수아 입장에서는 몹시 부담스러웠을 것입니다. 놀라운 하나님의 사람 모세를 이어 이스라엘을 이끌러 하니, 당연히 백성은 두 리더를 비교했겠지요. 하지만 여호수아는 하나님을 만나고자 포기하지 않고 회막에 머물며 그분을 시중들던 예배자였습니다.

　예배자 여호수아가 모세의 뒤를 이어 이스라엘 백성과 함께 가나안 정복을 시작하고자 요단강을 건너야 하는 중차대한 순간에 그의 리더십이 드러납니다.

　여호수아와 함께한 이스라엘 백성은 아버지와 할아버지에게 홍해를 건넌 이야기를 수없이 들었습니다. 그런 그들이 여호수아와 함께 요단강 앞에 서게 된 거지요. 이 미션은 그들이 약속의 땅 가나안으로 들어가는 마지막 관문이었어요.

모든 백성이 여호수아를 주목합니다. 그때 여호수아는 먼저 요단강으로 들어가지 않습니다. 만물의 주인이신 하나님의 언약궤가 먼저 요단강으로 들어가도록, 제사장들이 언약궤를 메고 먼저 건너가게 하지요. 그때 모든 이스라엘 백성은 사람이 아닌, 하나님의 임재를 상징하는 언약궤를 주목합니다. 그리고 언약궤가 지나간 자리에 기적이 일어납니다.

여호수아는 모세를 따라 하지 않았어요. 그의 리더십은 '하나님을 바라보게 하는 리더십'입니다. 아주 옳은 모습이에요. 개척 세대에게는 모세의 리더십이 필요합니다. 그러나 그 후 말씀이 편만해지는 세대에게는 여호수아의 리더십이 필요하지요.

한국교회는 부흥의 역사를 경험하며 놀랍게 성장했습니다. 성장의 중심에는 하나님께 모세처럼 쓰임 받은 카리스마 리더십을 보인 사역자가 많았습니다. 하지만 이제는 다음세대가 다른 토양에서 사명의 걸음을 이어가고 있습니다.

이때 어떤 리더십이 필요할까요? 바로 여호수아의 리더십입니다. 하나님께 더 집중하며, 성도가 하나님의 임재와 동행하심을 사모하도록 자신을 감추고 언약궤를 드러내는 리더십 말입니다.

여호수아는 어떻게 이토록 귀한 리더십을 소유한 하나님의 사람이 되었을까요? 그가 처음부터 하나님을 친구 대하듯이 만난 게 아닙니다. 얼마나 답답했으면, 모두가 떠난 회막에 끝까지 홀로 남았겠어요. 그 포기하지 않는 마음이 그를 일으켜 세운 것입니다.

과연 처음 예배드리면서 하나님을 깊이 만나는 경우가 얼마나 있을까요. 그때 포기하지 않고 성실히 나아가는 게 중요합니다.

버티는 것이 영성입니다.
믿음이 없으면 버티는 것도 못 합니다.
버티면 반드시 하나님을 경험합니다!

때로 성도가 이런 고민을 나눌 때가 있습니다.
"목사님, 하나님을 정말 만나고 싶은데, 아무리 기도하고 예배해도 아무것도 안 느껴지고, 아무 일도 일어나지 않아요. 너무 답답합니다."

그러면 저는 항상 같은 대답을 합니다.
"버티세요. 포기하지 마세요. 버티는 것도 영성입니다. 그렇게 계속 변함없이 포기하지 않고 하나님께 나아가면, 반드시 하나님이 만나주십니다."

너희가 온 마음으로 나를 구하면 나를 찾을 것이요 나를 만나리라

렘 29:13

내 이름으로 무엇이든지 내게 구하면 내가 행하리라 요 14:14

하나님의 말씀은 진리요, 생명입니다. 절대 땅에 떨어지지 않아요. 하나님과의 만남인 예배를 포기하지 마세요. 온 마음으로 하나님을 구하고 찾으면, 여호수아처럼 그분을 반드시 만날 것입니다.

08 예배의 열매 1

성전에서 세상을 이해한다

이사야 선지자에게 웃시야 왕은 아주 특별한 존재였습니다. 웃시야 왕은 16세에 남 유다의 왕으로 세움을 받고 자그마치 52년간 나라를 다스리며 남 유다의 황금기를 이끌었지요.

그는 하나님을 향한 굳센 믿음으로 성전을 정화했고, 하나님의 뜻을 따르며 나아간 왕이었습니다. 신앙만이 아니라 예루살렘 성을 견고하게 세웠고, 군사 조직을 체계적으로 정비했으며, 신무기를 개발하여 국방이 강력한 유다왕국을 건설했습니다. 영토를 확장하면서 암몬의 조공을 받았고, 애굽 변방에까지 그 영향력을 끼쳤습니다. 그뿐 아니라, 경제 분야에도 노력을 기울여 백성들이 풍요롭게 사는 남 유다를 세워갔지요.

웃시야 왕의 사촌이 바로 이사야 선지자였습니다. 그래서 왕은 누구보다 이사야 선지자에게 큰 영향을 받으며 하나님 앞으로 나아갔어요. 그 과정에서 이사야 선지자는 웃시야 왕에게 큰 기대를 합니다.

하지만 많은 경우가 그렇듯, 잘나가던 웃시야 왕에게 교만이 찾아옵니다. 잊지 말아야 합니다. 교만은 패망의 선봉입니다(잠 16:18). 웃시야 왕이 성전에서 자기가 분향을 하려고 한 거예요. 분향할 수 있는 사람은 오직 아론의 자손인 제사장뿐이라고 말씀에 명시되어 있는데, 웃시야가 교만해져서 자기도 할 수 있다며 직접 들어가 분향합니다. 제사장들이 말려도 아랑곳하지 않아요. 오히려 자신을 저지하는 제사장들에게 화를 내지요.

그 즉시, 웃시야 왕의 이마에서부터 부스럼이 생기고, 그는 문둥병에 걸리게 됩니다. 결국 웃시야는 아들 요담에게 왕위를 넘겨주고는 별궁에서 숨어 지내며 참담한 시간을 보냅니다.

교만으로 한순간에 무너진 나병환자 웃시야 왕을 바라본 이사야의 심정이 어땠을까요. 수많은 감정이 교차했을 거예요. 웃시야의 교만도 가슴 아프지만, 너무나 가혹하게 채찍을 가하시는 하나님을 이해하기도 쉽지 않았을 겁니다. 그런 상황에서 하나님은 이사야 선지자에게 남 유다의 미래를 말씀하십니다.

이사야서 5장 24절을 보면, 하나님의 징계 앞에서 남 유다는 마른풀이 불 속에 떨어짐 같을 것이고, 꽃잎이 바람에 날림 같을 것이며, 그루터기조차 불꽃에 삼킴을 당하고, 뿌리도 썩을 거라고 하십니다. 25절은 더 끔찍합니다. 남 유다 사람들의 시체가 거리에 거름더미처럼 쌓여도, 하나님께서 진노하심과 징계를 거두지 않을 거라고 말씀하세요.

이사야 선지자의 마음이 어땠을까요? 남 유다의 끔찍한 미래를 예언하시는 하나님을 향해 망설임 없이 "아멘"을 고백할 수 있었을까요?

이후 나병으로 처참한 시간을 보내던 웃시야 왕은 다시 일어서지 못하고 죽음을 맞습니다. 그러면서 이사야서 6장이 시작됩니다.

웃시야 왕이 죽던 해에 내가 본즉 주께서 높이 들린 보좌에 앉으셨는데 그의 옷자락은 성전에 가득하였고 사 6:1

"웃시야 왕이 죽던 해"에 이사야는 하나님을 향해 "왜입니까?"를 외치고 있었을 거예요. 하나님의 백성 이스라엘이 왜 이런 어려움을 겪어야 하는지 이해되지 않았겠지요.

그런데 놀랍게도, 이어지는 본문 속 사건을 계기로 이사야의 사역이 다른 차원으로 넘어갑니다. 그가 더 이상 세상의 어떠함에 흔들리지 않고, 묵묵히 하나님을 신뢰하며 믿음의 걸음을 걸어가기 시작하지요. 6장이 그의 삶의 전환점이 된 것입니다.

1절에서 이사야가 세상을 바라보며 온통 이해되지 않음을 품고 어디로 갔나요? 성전으로 올라갑니다. 그리고 그곳에서 신비롭고도 놀라운 하나님과의 만남을 갖게 되지요.

이사야가 예배 가운데 하나님을 깊이 만나자 이해되지 않던 것들이 풀어집니다. 어떤 설명을 들었기 때문이 아닙니다. 그저 하나님과의 깊은 만남이 그에게 가장 큰 격려와 위로가 된 거지요. 이후에 그는 놀라운 선지 사역을 감당합니다.

성도는 이해되지 않는 세상의 문제를 세상에서 풀려고 하지 않고, 예배의 자리에서 풀어냅니다. 그렇다고 예배가 문제의 해결책을 얻는 시간은 아닙니다. 예배는 하나님을 만나는 시간입니다. 다만 놀라운 것은, 하나님과의 만남이 놀라운 영향력을 끼친다는 사실입니다. 하나님을 만나는 것만으로도 얼마나 풍성한 일들이 많이 일어나는지 모릅니다.

이번 장과 다음 장을 통해 예배의 풍성한 열매를 살펴보겠습니다.

예배의 열매: 하나님을 알게 됨

우리가 예배를 통해 누리는 가장 큰 유익은, 하나님을 알게 되는 것입니다.

이사야서 6장 1절을 보면, 이사야가 성전에서 하나님을 보는데, 하나님이 어디 계시나요? "주께서 높이 들린 보좌에" 앉아 계십니다. 보좌에 앉아 계신 하나님의 위엄이 얼마나 크고 놀라운지, 하나님의 옷자락이 성전에 가득하다고 고백합니다.

보좌는 '왕의 자리'입니다. 이사야가 실제로 본 것입니다. 세상의 어떤 왕보다 크고 위대한 왕이 하나님이시라는 것을요. 그 하나님의 옷자락이 성전에 가득한 것을 보며 그분의 권능과 다스림이 온 세상을 덮고 있다는 사실을 알게 됩니다.

앞서 이사야가 웃시야 왕에게 큰 기대를 했다고 했지요? 그는 웃시야가 이스라엘을 변화시키고 새롭게 할 왕이 될 거라는 기대가 가득했어요. 그런데 그런 웃시야 왕이 나병에 걸려 고립된 채로 지내다가 허무하게 죽음을 맞이한 거예요. 나병으로 죽어서 왕들의 묘지에도 묻히지 못하고, 별도의 묘지에 묻혔지요. 이사야는 웃시야의 허망한 죽음으로 큰 실의에 빠집니다.

그런데 그가 예배 가운데 높이 들린 보좌에 앉아 계신 왕이신 하나님을 본 거예요. 그제야 이스라엘의 진정한 왕이 누구신지를 봅니다. 하나님의 옷자락이 온 성전에 가득한 것을 보면서, 이해되지 않는 세상을 여전히 다스리시는 하나님의 실재를 보게 된 거지요.

웃시야 왕의 죽음으로 얻은 실망과 낙심이 온 세상의 왕이신 하나님을 바라보는 가운데 회복되기 시작합니다. 하나님을 알게 되자 이사야는 새로워지지요.

이사야 선지자의 사역 기간에 다섯 왕이 다스립니다. 웃시야,

요담, 아하스, 히스기야, 므낫세. 그중 하나님을 경외했던 왕도 있었고, 하나님 앞에서 패역을 저지른 왕도 있었어요. 그러나 이사야는 더 이상 왕의 어떠함에 흔들리지 않았어요. 왕을 바라보는 시선이 바뀌었기 때문이지요. 이스라엘의 유일한 왕은 하나님이시라는 사실을 천상의 예배를 통해 알았기 때문입니다.

그래서 하나님을 만나고, 하나님을 알게 되는 것이 얼마나 중요한지 모릅니다. 우리가 그 은혜를 누릴 때, 이사야처럼 실망하거나 낙심하지 않고 믿음의 걸음을 담대히 걸어갈 수 있습니다.

직접 하나님을 만나는 은혜! 직접 하나님을 알게 되는 은혜! 이 은혜를 반드시 누려야 합니다. 그러지 않으면 하나님에 대한 오해가 많이 쌓일 거예요.

성경의 예를 들어보겠습니다.

남 유다의 마지막 왕 시드기야는 바벨론의 왕 느부갓네살에 의해 세워졌습니다. 원래 그의 이름은 '맛다냐'였으나 느부갓네살이 그를 왕으로 세우면서 이름을 '시드기야'로 바꾸어 불렀지요. 그렇게 왕이 된 시드기야는 바벨론의 간섭 아래 있는 것이 너무 힘들고 버거워서 벗어나고 싶었어요.

그래서 예레미야 선지자를 찾아갑니다. 하나님의 뜻을 알고 싶었기 때문이지요. 이에 예레미야는 시드기야에게 하나님의 분명한 뜻을 전합니다. 힘들어도 계속 바벨론의 멍에를 지고, 바벨론을 섬기라는 것이었지요.

시드기야는 하나님의 뜻을 듣고자 예레미야에게 갔고, 그 자리에서 알게 되었어요. 하지만 문제는 예레미야가 전해준 하나님의 뜻이 자신이 원하던 답이 아니었습니다. 그래서 예레미야에게 "네가 어찌하여 이같이 예언하느냐?" 하고는 그를 잡아 가둡니다(렘 32:2). 그리고 하나님이 그러실 리가 없다고 하며, 하나님의 뜻을 거역하고는 바벨론을 대항하는 자리에 섭니다.

왜 이런 일이 벌어지는 걸까요? 여러 원인이 있겠지만, 가장 큰 건 시드기야가 하나님을 직접 만나지 못했기 때문입니다. 그러니 자기가 원하는 하나님을 그려내는 거지요.

하나님을 만나지 못한 신앙은 반드시 하나님을 향한 오해가 쌓이기 마련입니다. 하나님을 위해 자신이 존재하는 게 아니라, 자신을 위해 하나님이 존재해야 하는 신앙으로 변질되지요. 하나님의 뜻을 듣고도, 자기 생각과 다르면 그 뜻을 꺾어버리는 일이 벌어집니다.

이사야가 그랬듯이, 하나님의 사람들은 하나님의 영광을 대할 때 하나같이 그 자리에 엎드립니다. '고꾸라진다'라는 표현이 어울리는 태도를 보이지요. 이것은 하나님의 영광과 위엄 앞에서 자신을 철저하게 꺾는, 아주 상징적인 모습입니다.

그러나 하나님을 모르고 하나님을 만나지 못하면, 하나님의 뜻과 내 뜻이 충돌할 때, 그분의 뜻을 꺾어버리려는 위험천만한 태도를 보입니다.

오늘날 우리 모두에게는 예수 그리스도를 의지하며 은혜의 보좌 앞으로 나아갈 수 있는 특권과도 같은 길이 열려 있습니다. 예수님을 구주로 믿는 우리가 "왕 같은 제사장"이요, "거룩한 나라"요, "하나님의 소유가 된 백성"입니다(벧전 2:9).

그런데도 시드기야와 같은 신앙에 머무는 경우가 얼마나 많은지 모릅니다. 하나님을 직접 만나지 못하고, 주님의 임재와 다스리심을 직접 경험하는 은혜를 누리지 못해요. 시드기야처럼 누군가를 찾아가려고만 합니다. 자신이 직접 듣지 못하고, 다른 사람이 만난 하나님을 간접적으로 만나는 수준에 만족합니다.

그러니 오해가 쌓이지요. 진리를 듣고도 그럴 리 없다고, 하나님은 그런 분이 아니시라고 멋대로 생각하며 위험한 길로 가는 거예요.

여호와여 주의 이름을 **아는** 자는 주를 의지하오리니 이는 주를 찾는 자들을 버리지 아니하심이니이다 시 9:10

하나님의 이름을 아는 사람은 주를 더욱 의지하고 찾게 된다고 말씀합니다. 여기서 '알다'라는 뜻으로 히브리어 '야다'(ידע)가 사용돼요. 이는 단순히 정보를 아는 것뿐 아니라 경험을 통해 친밀하고도 깊게 아는 것을 의미하지요. 하나님께서 우리를 아신다는 표현에도 이 단어가 사용됩니다.

　이 시편 말씀처럼, 하나님의 이름을 경험하여 아는 자는 하나님을 의지합니다. 하나님께서 그런 자들을 절대 버리지 않으세요. 반대로 생각하면, 우리가 하나님을 의지하지 못하는 이유는 하나님을 경험하지 못했기 때문입니다. 시드기야 왕처럼 말이지요.

　그러면 우리가 어떻게 하나님을 알 수 있을까요? 바로 '예배'가 하나님을 아는 가장 주요한 통로입니다. 왜 예배 중 설교에 가장 오랜 시간을 할애할까요? 설교는 단순히 어떤 교훈을 전달하는 시간이 아니에요. 설교의 가장 중요한 기능은 하나님을 소개하고, 그분이 어떤 분인지를 전달하는 것입니다.

　사도행전을 보면, 바울이 전도 여행 때 어디를 가든 성경 말씀의 뜻을 풀어 설명하며, 말씀이 가리키는 예수 그리스도를 증거합니다. 하나님이 어떤 분인지를 끊임없이 전했어요.

　이처럼 하나님을 선포하고 증거하는 말씀에는 힘이 붙습니다. 물론 설교를 통해 다양한 적용점을 제시하며 은혜를 끼칠 수도 있지만, 하나님이 어떤 분이신지를 드러내는 게 가장 큰 비중을 차지해야 해요.

　사도행전 19장을 보면, 바울이 2년간 에베소의 두란노 서원에서 말씀을 강론합니다. 예수 그리스도의 복음과 하나님나라를 말씀으로 전한 거지요. 그러자 에베소 사람들이 스스로 자기 죄를 자백하고, 집에 있던 마술과 주문이 담긴 책을 불태우기 시작해요. 하나님을 알게 되니 참된 변화가 일어난 거지요. 이처럼 설교를 통해 하나님의 하나님 되심이 끊임없이 선포되어야 합니다.

이 땅에 살면서 우리가 누리는 최고의 특권은, 하나님을 발견하고 그분을 아는 것입니다. 그럴 때만 누릴 수 있는 건강함이 있어요. 하나님을 알면 알수록, 우리 안에 건강한 결정이 일어나기 시작합니다. 이사야서 55장 8,9절을 보세요.

이는 내 생각이 너희의 생각과 다르며 내 길은 너희의 길과 다름이니라 여호와의 말씀이니라 이는 하늘이 땅보다 높음같이 내 길은 너희의 길보다 높으며 내 생각은 너희의 생각보다 높음이니라

하나님의 생각과 하나님의 길은 우리와 너무나 달라요. 이토록 다른 하나님의 길을 어떻게 이해하겠어요.

하나님을 알 수 있는 가장 건강한 통로가 예배입니다.
예배 가운데 하나님을 만나고 하나님을 알게 될 때
부어지는 은혜가 있습니다.

잠언 9장 10절은 "거룩하신 자를 아는 것이 명철"이라고 말합니다. 이 말씀 그대로예요. 우리가 하나님을 예배 가운데 만나고 알게 될 때, 우리 안에 새겨지는 하나님의 생각과 하나님의 길이

있습니다. 그것이 우리의 지혜가 되는 거예요. 세상은 절대로 누릴 수 없는 지혜지요.

"오직 자기의 하나님을 아는 백성은 강하여 용맹을 떨치리라"(단 11:32)라고 말씀하시잖아요. 우리의 강함은 하나님을 아는 것에 있습니다. 그러니 예배를 통해 하나님을 알게 되면서 누리는 유익이 얼마나 크겠어요! 그러니 하나님을 더욱 의지하고 찾게 되지요. 하나님을 알고자 나아가는 자를 하나님께서는 절대 버리지 않으십니다.

제가 청년 때 들었던 한 설교가 떠오릅니다. 이사야서 49장 15절이 요절인 설교였어요.

여인이 어찌 그 젖 먹는 자식을 잊겠으며 자기 태에서 난 아들을 긍휼히 여기지 않겠느냐 그들은 혹시 잊을지라도 나는 너를 잊지 아니할 것이라

당시 청년부 목사님이 이 말씀을 강조했어요. 하나님께서 우리를 절대 포기하지 않으신다는 거예요. 그러면서 예를 들어 설명했는데, 하나님은 처음부터 우리의 손목을 잡고 계셔서, 설사 우리가 그분의 손을 놓아도 여전히 붙잡고 계신다고 했어요.

그때 하나님에 대한 이런 이해가 제 안에 깊이 새겨졌어요.

'하나님은 나를 포기하지 않으신다! 하나님은 나를 붙잡아 주신다!'

이 생각이 저를 온전하게 했지요. 어려움을 만날 때마다 그 예배를 통해 새겨진 '나를 절대 포기하지 않으시는 하나님'이 얼마나 큰 힘이 되었는지 모릅니다.

하나님의 아름다움을 발견하는 기쁨! 이게 진짜예요. 무엇보다 하나님을 아는 것이 우리의 가장 큰 힘이 된다는 사실을 기억하길 바랍니다.

예배가 성경 읽기와 다른 점이 바로 이거예요. 하나님을 찬양하며 높여드리는 가운데 만나는 진리는, 마치 성령께서 망치로 내 마음에 말씀을 새기시는 것 같은 강력한 역사를 일으킵니다.

이사야는 천상의 예배를 경험한 후, 남 유다의 끔찍한 멸망과 최후를 하나님에게서 듣습니다. 그런데도 실의에 빠지지 않아요. 하나님을 알게 된 이사야는 멸망 속에서도 변함없이 흐를 하나님의 소망의 역사를 함께 바라보면서, 메시아 예수 그리스도를 예언하는 데까지 나아갑니다. 그가 멸망이 소망인 이유를 분명하게 보기 시작한 거예요.

지금 세상의 어떠함으로 인해 고통 가운데 있나요? 그렇다면 당신에게 무엇이 필요할까요? 바로 예배를 통해 하나님을 아는 것입니다.

그가 또 언약을 배반하고 악행하는 자를 속임수로 타락시킬 것이나 오직 **자기의 하나님을 아는 백성**은 강하여 용맹을 떨치리라 단 11:32

예배의 열매: 자신을 알게 됨

우리는 예배를 통해 자신을 알게 됩니다.

이사야 선지자는 당대 가장 잘 알려진 하나님의 사람이었어요. 그런 이사야가 시대와 상황을 향한 안타까운 마음을 깊이 간직한 채 하나님 앞으로 나아갑니다. 그리고 예배 가운데 하나님을 온전하게 만나지요.

당대 최고의 선지자 이사야가 하나님을 그분의 깊은 임재 가운데서 보기 시작해요. 천상의 예배를 봅니다.

스랍들이 모시고 섰는데 각기 여섯 날개가 있어 그 둘로는 자기의 얼굴을 가리었고 그 둘로는 자기의 발을 가리었고 그 둘로는 날며 서로 불러 이르되 거룩하다 거룩하다 거룩하다 만군의 여호와여 그의 영광이 온 땅에 충만하도다 하더라 이같이 화답하는 자의 소리로 말미암아 문지방의 터가 요동하며 성전에 연기가 충만한지라

사 6:2-4

거룩하신 하나님의 영광! 성전에 가득 찬 하나님의 영광! 그

영광을 보던 이사야가 갑자기 이렇게 고백하기 시작합니다.

> 그때에 내가 말하되 화로다 나여 망하게 되었도다 나는 입술이 부
> 정한 사람이요 나는 입술이 부정한 백성 중에 거주하면서 만군의 여
> 호와이신 왕을 뵈었음이로다 하였더라 사 6:5

세상을 안타까운 마음으로 바라보며 하나님 앞에 선 이사야
가 뭐라고 고백하는지 보세요.

"큰일이로구나! 나는 죽게 되었다! 나는 말하는 것이 더러운
사람인데, 더러운 내가 만군의 여호와이신 왕을 뵈었으니, 나는
죽게 되었다."

왜 이사야가 성전에 머물렀나요? 웃시야 왕의 죽음을 슬퍼하
며 이스라엘의 앞날을 걱정했기 때문입니다. 나라와 시대를 보며
안타까움에 눈물을 머금고 하나님 앞에 나아간 거였지요.

그런 그가 하나님의 임재를 체험하며 그분 앞에 서자 무엇을
고백하기 시작하나요? '당대 최고의 선지자'라는 타이틀은 사람
들의 평가일 뿐, 이사야는 하나님 앞에서 자신의 실체를 직면하
기 시작합니다. 자신이 어떤 사람인지를 본 거예요. 나라를 걱정
하기에 앞서 내 코가 석 자인 진짜 현실을 보게 됩니다.

하나님 앞에 서니, 웃시야 왕의 죽음이 문제가 아닌 거예요.
만왕의 왕이신 여호와 하나님을 만나자, 웃시야의 죽음으로 인

한 걱정은 아무것도 아니었습니다. 하나님 앞에 서니, 누구보다 '내가 문제'라는 사실을 전인격으로 깨닫게 됩니다. 도무지 하나님 앞에 설 어떤 '의'도 없는 자신을 보기 시작한 겁니다.

이런 철저한 죄인 됨에 대한 인식은, 세상의 윤리적 기준의 잣대로 파악할 수 있는 게 아닙니다. 하나님을 온전하게 만날 때, 비로소 자신의 죄인 됨을 깨닫게 됩니다.

돌아보면, 저도 제가 죄인이라는 사실을 하나님을 인격적으로 만난 그때 알게 되었어요.

고등학교 1학년 때였습니다. 어린 나이였지만, 이대로 살고 싶지 않다는 마음이 강하게 들었습니다.

'내가 태어난 이유가 있을 텐데… 분명한 목적을 갖고 살고 싶다.'

이런 마음이 굴뚝같았어요. 무엇을 위해 살아야 할지를 알려면, 무엇보다 하나님을 인격적으로 만나야 한다는 생각이 들었습니다. 그래서 한 가지를 결심했지요. '하나님을 만날 때까지 매일 밤 교회에 가서 기도하기'였습니다.

저는 밤에 야간자율학습을 마치고 집으로 가는 길에 교회에 들러 고등부실에서 기도했습니다. 답답한 만큼 간절함도 컸어요. 반드시 하나님을 만나야 했기에 교회에 기도하러 가기를 쉬지 않았지요. 그렇게 1년이 지났습니다.

하루는 기도하는 중에 이런 마음이 들었어요.

'곧 여름수련회가 있을 텐데, 그때 하나님을 만날 수 있겠다. 하나님이 나를 꼭 만나주실 거야!'

기대를 안고 수련회에 참석했습니다. 당시 중고등부 여름수련회 장소는 어느 시골의 폐교였습니다. 시설이 얼마나 열악한지, 선풍기도 없고 바닥에는 테이프로 'X' 표시를 한 곳이 있었어요. 거길 밟으면 바닥이 무너지는 거예요. 그런데도 마냥 즐겁고 웃음이 넘쳤습니다. 그리고 뜨거웠습니다.

첫날 저녁이었어요. 지금도 선명히 기억하는데, 다 함께 〈살아계신 주〉를 불렀습니다. 다들 뜨겁게 찬양하며 하나님 앞으로 나아갔습니다. 저도 열심히 찬양을 불렀지요. 그런데 그때, 제 마음에 성령께서 이런 감동을 주셨어요.

'태재야, 네가 내 이름을 부르면, 내가 너를 만나줄 거야.'

저는 아직 어렸고, 신앙적인 경험이 많지 않아서 이것이 내 생각인지 하나님께서 주시는 마음인지 분별이 되지 않았습니다. 그런데 마침 찬양을 인도하던 목사님이 찬양을 멈추더니, "우리 다 같이 '주여!' 삼창을 외치며 기도합시다"라고 하는 거예요.

'그래, 내가 주의 이름을 부르면 하나님께서 나를 만나주신다고 하셨어!'

제 마음에 확신이 들었습니다. 그러고는 그렇게 간절히 누군가를 불러본 게 처음일 정도로 간절하고 또 간절하게 외쳤어요.

"주어~~~!!!"

다시 '주어'를 외치려는데, 갑자기 제 입에서 이상한 소리가 나오기 시작했어요. 나중에 선생님과 권사님들이 제가 방언의 은사를 받은 거라고 말해줘서 알았습니다. 얼마나 당황했는지요.

그런데 방언이 터짐과 동시에 제 내면 깊은 곳에서 무언가가 울컥 올라오더니 하염없이 눈물이 쏟아지면서 제가 고백하기 시작했습니다.

'주님, 제가 죄인입니다!'

입으로는 방언을 하면서도, 마음으로는 죄인이라는 고백이 쏟아져 나왔어요. 사실 이전까지 가장 이해되지 않던 것이 예수님이 제 죄를 위해 십자가를 지셨다는 내용이었어요. 제가 하나님을 죽일 만큼 큰 죄를 지었다고 여기지 않았기 때문이지요. 나름 착하게 살았다고 생각했는데, 교회만 오면 제게 죄인이라고 하니, 이해하기 어렵고 거부감이 일었습니다.

그런데 여름수련회에서 하나님을 인격적으로 만나자, 누구에게 어떤 설명을 더 들은 것도 아닌데 스스로 고백하기 시작했습니다. 제가 죄인이라는 사실을요. 하나님 앞에 서자, 이사야 선지자의 고백이 제 입에서 터져 나왔지요.

하나님 앞에 서면, 우리는 그동안 보지 못했던 우리의 실체를 발견합니다. 무너진 웃시야에 대한 원망과 아픔으로 낙심한 이사야 선지자였지만, 하나님의 임재 앞에서 만군의 여호와, 왕이신 하나님을 뵙고는, 웃시야가 아니라 자신이 문제였음을 알게 됩니다. 오히려 자기가 망하게 되었다고 하지요. 하나님 앞에서 자신의 실체를 본 거예요.

이처럼 하나님 앞에 서면, 우리는 우리를 알게 됩니다. 그래서 온전한 예배자는 절대 교만할 수 없어요. 혹 교만이 찾아오면, 하나님의 임재가 있는 예배의 자리로 달려가야 하지요.

그렇게 자신의 죄인 됨을 깨닫고 문제의 본질을 보기 시작하면, 어떤 일이 일어날까요?

> 그때에 그 스랍 중의 하나가 부젓가락으로 제단에서 집은 바 핀 숯을 손에 가지고 내게로 날아와서 그것을 내 입술에 대며 이르되 보라 이것이 네 입에 닿았으니 **네 악이 제하여졌고 네 죄가 사하여졌느니라** 하더라 사 6:6

"스랍"은 예배 수종을 드는 천사를 지칭하는 표현입니다. 이사야가 하나님 앞에서 자신의 죄인 됨을 직시하며 망하게 되었다고 한 그때, 스랍이 제단의 숯을 이사야의 입에 댑니다. 그리고 "네 악이 제하여졌고, 네 죄가 사하여졌다"라는 회복의 선포가 임합니다. 예수님의 보혈을 상징하는 내용이지요.

예배를 통해 죄인 된 나를 발견하면, 거기서 멈추지 않습니다.

그런 나를 용서하신 예수 그리스도의 십자가 사랑 안에서 참된 회복을 경험하지요. 그래서 우리가 십자가의 놀라운 사랑을 예배드릴 때마다 찬송하지 않을 수 없는 거예요.

이사야서 6장 5-7절을 보면, 죽을 수밖에 없던 사람에게서 하나님의 은혜로 죽음의 원인이 된 문제가 사라진 거예요. 의인이 된 거지요. 거듭남이에요. 예배를 통해 완전하고도 근원적인 회복이, 건강해지는 역사가 일어난 겁니다. 완전히 다른 세상이 펼쳐지는 거예요. 존재가 변하기 시작합니다. 이것은 예수 그리스도의 구속 사역의 그림자입니다.

실제로 예수님을 인격적으로 만난 후, 제 삶이 그랬어요. 부정적이고 자존감도 낮고 비교 의식에 휩싸여 있던 제가 주님 안에서 변화되었습니다. 주님이 말씀해 주시는 본연의 나를 찾아가는 회복의 여정을 시작했지요.

이사야는 사람을 향한 원망과 시대를 향한 분노를 마음에 품고 예배의 자리로 나아가 하나님을 만납니다. 그는 외부적인 어려움에 둘러싸여 하나님께로 나아갔지만, 정작 하나님 앞에서 자신에게 문제가 있음을 발견합니다. 그리고 그 사실을 온전히 직시한 후에 하나님의 은혜로 문제를 해결합니다. 이후 그는 복잡하고 어려운 세상 문제를 담대하고도 담담하게 풀어갑니다.

내가 나를 잘 안다고 생각하지만, 내가 모르는 내 모습이 얼마나 많은지 모릅니다. 그런 맹점은 예배를 통해 점차 줄어들 수 있습니다. 나의 나 됨을 가장 건강하게 깨닫는 은혜가 예배 안에 있기 때문이지요.

예배는 나를 알게 합니다. 하나님께서 독생자 예수 그리스도를 주시기까지 사랑하며 구원하신 나를 보게 합니다. 하나님을 알고, 나를 아는 은혜가 예배의 자리에서 펼쳐집니다.

09 예배의 열매 2

예배의 열매: 순종

천상의 예배를 통해 자신의 추악한 죄악을 정결케 해주신 은혜를 경험한 이사야에게 하나님의 목소리가 들립니다. 이것은 하나님의 마음을 알게 된다는 뜻입니다.

우리의 예배에도 이런 은혜가 있어야 합니다. 찬양의 가사, 대표 기도자의 기도, 설교자의 설교, 하나님께 간구하는 시간을 통해 우리는 하나님의 뜻을 들으며 그분의 마음을 깨닫는 은혜를 누릴 수 있지요.

게다가 이사야가 들은 하나님의 목소리는 어땠나요? 한탄과 탄식의 소리였습니다. 이사야가 어떻게 하나님의 탄식 소리를 듣게 되었나요? 그가 하나님과 친밀했기 때문인가요? 아닙니다. 이사야가 하나님의 보좌 앞에 있었기에 들을 수 있었던 거예요. 이처럼 우리의 예배 중심에서 영광 받으시는 하나님의 보좌는 그분의 마음이 우리에게 전해지는 곳이에요.

하나님은 우리가 드리는 예배의 보좌에 앉으셔서 자신의 마음을 나눠주십니다. 이것이 예배의 자리가 너무나 중요한 이유지요. 예배의 자리에서는 어디서도 듣지 못했던 하나님의 뜻을 발견할 수 있어요.

하나님은 우리가 나를 온전히 내려놓고 하나님만 높여드리는 진실한 예배에서 그분의 뜻을 보이십니다. 세상을 향한 한탄과 탄식을 예배의 중심인 보좌 앞에서 드러내시는 하나님이세요.

하나님의 뜻이 보이지 않나요? 하나님의 마음을 알고 싶나요? 그렇다면 전심으로 하나님을 예배하며 나아가길 바랍니다. 교회가 하나님의 뜻을 발견해야 하는 도전 앞에 있나요? 그렇다면 온 성도가 함께 전심으로 하나님을 높여드리며 예배하세요. 그곳에서 하나님이 그분의 마음을 보이실 거예요.

저는 교회를 개척하고, 주로 강해 설교를 해왔습니다. 강해 설교는 본문이 몇 달 전에 정해집니다. 그렇게 설교하다 보면 깜짝깜짝 놀랄 때가 많습니다. 분명히 한참 전에 정해놓은 본문인데, 마치 하나님께서 이때 일어날 일을 미리 아시고 본문 내용을 준비해 놓으신 것 같은 거예요.

소설 《삼국지》를 보면, 제갈공명이 유비에게 어려운 일에 처할 때 세 번 꺼내 보라고 준 '금궤지서'가 있습니다. 그것은 유비가 어려운 상황에 지침을 받을 수 있도록 제갈공명이 선견지명과 지혜를 담아 비단 속에 넣어둔 서신이었지요.

그런데 금궤지서가 따로 있는 게 아니더군요. 강해 설교를 하다 보니 제갈공명과는 비교할 수 없는 하나님의 지혜가 말씀에 예비되어 있다는 사실을 깨달았습니다.

처음에는 이것이 강해 설교의 유익이라고만 생각했어요. 그런데 아니더라고요. 예배의 자리에서 마음을 나누고자 하시며, 말씀을 통해 역사하시는 하나님의 섭리였습니다.

하나님은 예배의 자리에서 당신의 마음을 우리에게 나눠주세요. 나를 향한 하나님의 마음뿐 아니라 세상을 향한 하나님의 애통한 심경도 예배 가운데 부어집니다.

모세의 성막에서 하나님의 임재 앞으로 나아가는 대제사장의 의복 가슴에는 12개의 보석을 새겨 달아야 했습니다. 그 보석들은 이스라엘 12지파를 상징했지요. 대제사장이 의복에 12개의 보석을 품고 하나님 앞으로 나아갈 때, 어떤 일이 일어났을까요? 하나님은 지성소에서 이스라엘 백성을 향한 그분의 마음을 나눠주셨을 거예요. 그러면서 12개의 보석이 의복이 아닌 대제사장의 마음에 새겨졌을 거예요. 하나님의 임재 가운데 깨닫는 그분의 뜻은 반드시 예배자를 움직입니다.

이사야서 6장 8절을 보면, 이사야가 하늘 보좌에서 울려 퍼지는 하나님의 마음을 듣습니다.

"내가 누구를 보내며, 누가 우리를 위하여 갈꼬!"

그 음성을 듣자마자 이사야가 고백합니다.

"내가 여기 있나이다! 나를 보내소서!"

예배 가운데 들리는 하나님의 음성은 어느 때보다 크고 강력합니다. 이사야는 기꺼이 자원하여 순종합니다.

그는 더 이상 세상의 어떠함에 흔들리지 않습니다. 남 유다에 악한 왕이 세워지든, 선한 왕이 세워지든 그저 묵묵히 하나님의 부르심을 따라 순종의 걸음을 걸을 뿐이지요.

세상이 그를 아무리 미워하며 방해해도 타협하지 않고 꿋꿋이 걸어갑니다. 세상이 아무리 듣기 싫어해도 진리의 메시지를 담대하게 시대 가운데 선포합니다. 더 이상 현상에 가려진 문제의 본질을 놓치지 않습니다. 천상의 예배를 통해 이스라엘의 진정한 왕이 누구신지를 알고 하나님의 마음을 깨닫자, 세상이 흔들 수 없는 하나님의 사람으로 서게 된 것입니다.

예배의 열매 중 하나는 예배자에게 건강한 순종과 헌신이 일어나는 것입니다. 누가 강요해서 섬기고 순종하는 게 아니라, 예배를 통해 하나님의 마음을 깨달아 자원하여 삶을 드리게 됩니다.

가장 안타까운 것이 의무감으로만 채워진 순종입니다. 그런 순종은 의지만으로 이루려는 걸음을 걷게 하고, 반드시 한계를 만납니다. 영과 육이 소진되어 번아웃이 오지요.

그런 순종의 한계를 어떻게 극복해야 할까요? 이사야를 보세요. 그는 천상의 예배 가운데 하나님의 마음을 알게 됩니다. 열방에 추수할 일이 많은데 보낼 사람이 없어서 안타까워하시는 하나님의 탄식을 듣고, 거기에 반응하여 순종합니다.

이처럼 하나님을 만나서 그분의 뜻을 깨닫고 자원하여 드리는 헌신은 달라요. 하나님을 만났고, 직접 들었고, 경험했기 때문에 그 순종의 동기도, 결과도 다릅니다.

앞서 '예배와 삶'을 다루면서도 나누었지만, 예배를 통해 하나님을 만나고 은혜를 누리면, 그 힘으로 세상에 나아가 하나님을 대신하는 삶을 살게 되지요. 내 의지로 세상에서 하나님을 대신하는 게 아닙니다. 하나님을 예배하며 누린 은혜로 세상에 나아가 살아낼 수 있는 거예요. 순종도 '예배와 삶의 관계'와 같은 원리로 이루어집니다. 하나님을 만난 예배자가 그 은혜에 감격하여 순종할 힘을 얻는 거예요.

아브라함도 자신을 부르시는 하나님을 만났기에 믿음의 순종을 할 수 있었어요. 그는 도착하는 곳마다, 하나님의 살아계심을 경험할 때마다 제단을 쌓았습니다. 순종의 자리에서 하나님을 더 깊이 예배했지요. 그러면서 다시, 더 깊은 순종의 자리로 나아갔습니다.

사도 바울도 그랬어요. 그가 처음으로 예수님을 만났을 때, 그의 입에서 가장 먼저 나온 말이 무언지 아나요?

내가 이르되 주님 무엇을 하리이까… 행 22:10

빛 가운데 예수님을 만나자, 눈이 보이지 않게 되었음에도 바울의 첫 고백은 '순종'에 초점이 맞추어져 있었어요.

때로는 교회가 성도에게 순종을 지나치게 강요하는 모습을 봅니다. 물론 나름의 이유가 있겠지만, 그런 강요는 반드시 한계를 만납니다. 순종을 요구하기보다 더 우선해야 하는 건, 하나님의 임재가 충만한 예배를 경험하게 하는 것입니다. 하나님의 만지심과 붙드심과 이끄심을 누리는 예배가 펼쳐지도록, 예배를 성경적으로 디자인하고 기도하며 준비하는 거지요. 그럴 때 건강한 순종이 자원하여 일어납니다.

1990년대에는 선교 콘퍼런스나 집회가 많았습니다. 그런 집회를 통해 삶을 헌신하며 선교사로 자원하는 일도 많았지요. 제가 신학교에 입학하여 첫 여름 선교캠프에 갔을 때의 일입니다. 한 선배가 제게 당부하더군요.

"정신 똑바로 차리고 예배해야 해! 정신 놓고 은혜 흠뻑 받으면, 나도 모르게 선교사 되겠다고 손을 들 수 있으니까!"

그때는 이 말을 이해하지 못했는데, 예배에 참석해 보니 알겠더라고요. 가슴을 뛰게 하는 찬양과 말씀 선포와 기도 시간이 이어지면서, 선교하시는 하나님의 마음이 예배 가운데 놀랍게 부어졌습니다.

예배를 잘 드리고 나왔는데, 집회 전에 제게 당부했던 그 선배가 머리를 감싸고 있었습니다. 이야기를 들어보니, 예배 때 선포된 말씀에서 충만한 은혜를 받아 자기 삶을 선교사로 헌신했다는 거예요. 한바탕 웃으며 그 선배를 축복했던 기억이 납니다.

예배가 그렇습니다. 예배 속에서 우리는 하나님의 마음을 알게 됩니다. 그리고 더 이상 이 땅에서 나만을 위한 삶, 썩어질 것을 붙잡는 삶에 머물 수 없음을 깨닫게 됩니다.

출애굽 한 이스라엘 백성에게 왜 성막이 필요했나요? 이스라엘이 하나님께 선택받은 백성답게 살기 위해서는 성막 예배가 필수였어요. 이스라엘이 가나안 땅을 정복하는 하나님의 사명을 감당하려면 성막 예배가 반드시 필요했습니다. 하나님은 이스라엘을 성막에서 만나주셔서 그들을 이끄셨고, 그 은혜로 이스라엘은 나아갔지요.

그러면 반대로 생각해 보겠습니다. 만약 하나님께서 성막을 통해 예배의 은혜를 부어주셨는데도 이스라엘 백성이 가나안으로 가지 않고 "여기가 좋사오니~"를 외쳤다면, 어떤 일이 벌어졌을까요? 가나안에 가지 않고, 싸워야 할 선한 싸움을 피하며 자리 잡은 곳에 머물려고만 했다면요.

실제로 그런 일은 일어나지 않았습니다. 아니, 일어날 수가 없지요. 예배 안에서 하나님을 만나고, 그분의 마음을 알게 되었는데 어찌 잠잠할 수 있었겠어요. 그건 불가합니다.

이사야 선지자가 환상 중에 "주님, 제가 여기 있습니다! 저를 써주세요!"라고 외친 것을 보세요. 그건 자신을 드러내고자 한 행동이 아니었어요. 망할 정도로 부정한 자신을 정결케 하시며 의롭다 하시는 하나님의 값없는 은혜를 경험한 그가 하나님의 마음을 알게 되니 가만히 있을 수 없었던 거예요.

하나님이 우리를 구원하사 거룩하신 부르심으로 부르심은 우리의 행위대로 하심이 아니요 오직 자기 뜻과 영원한 때 전부터 그리스도 예수 안에서 우리에게 주신 은혜대로 하심이라 딤후 1:9 개역한글

하나님의 부르심은 의지가 특출난 사람들만을 위한 게 아닙니다. 위 말씀처럼 우리가 무언가를 해서, 어떤 수준에 이르렀기에 하나님의 부르심이 임하는 게 아니에요. 오직 예수 안에서 은혜를 온전히 누릴 때, 부르심이 임합니다.

예수님의 지상 대명령이 언제 선포되는지 아나요?

예수를 **뵈옵고 경배하나** 아직도 의심하는 사람들이 있더라 마 28:17

부활하신 예수님을 뵙고 경배할 때, 예수님이 지상 대명령을 주십니다. 예배 때 주님이 우리를 부르십니다. 예배를 통해 그분의 마음을 우리에게 나누십니다. 그런 하나님 앞에서 어찌 중심이 바뀌지 않을 수 있을까요. '나를 위한 삶'에서 '하나님을 위한 삶'으로 변화될 수밖에 없습니다.

그리스도의 사랑이 우리를 강권하시는도다 우리가 생각하건대 한 사람이 모든 사람을 대신하여 죽었은즉 모든 사람이 죽은 것이라 그가 모든 사람을 대신하여 죽으심은 살아 있는 자들로 하여금 다시는 그들 자신을 위하여 살지 않고 오직 그들을 대신하여 죽었다가 다시 살아나신 이를 위하여 살게 하려 함이라 고후 5:14,15

이 말씀과 같습니다. 헌신은 그리스도의 사랑이 우리 안에 부어질 때 일어납니다. 그 십자가의 사랑이 우리를 강권하시기에 더 이상 자신을 위해 살지 않고, 예수 그리스도를 위해 살게 되지요. 그런 은혜가 예배 위에 부어집니다.

그리스도의 사랑이 우리를 가만히 놔두지 않는 예배! 그 사랑이 나를 강권하여 세상과 다른 십자가의 길을 걷게 하는 예배! 모두가 누려야 할 예배입니다.

고인 물은 흐르지 않고 정체되어 있기에 외부에서 산소가 충분히 공급되지 않는다고 합니다. 그러면 물속 미생물, 특히 세균과

박테리아가 서식하기 시작하지요. 박테리아가 악취 나는 가스를 배출하고, 물속 유기물들이 분해되면서 물이 썩어 악취가 납니다. 부패하는 거지요. 물이 흘러가지 못하고 고이기 시작하면 썩기 마련입니다.

예배도 마찬가지입니다. 예배 때 은혜가 풍성하게 부어지려면, 은혜의 강물이 삶의 순종으로 흘러가야 합니다. 그러지 않으면 고인 물이 되지요. 지금 누리는 예배가 좋다고 "여기가 좋사오니"를 외치면 문제가 생깁니다.

순종으로 은혜의 문제를 풀어가야 할 때가 반드시 있습니다. 하나님의 마음을 깨달아, 믿음으로 "예, 주님!"을 외치며 은혜의 물꼬를 터야 할 때 말입니다. 예배 가운데 누리는 순종의 열매! 순종의 열매로 누리는 예배의 은혜! 이 건강한 균형의 은혜를 누리길 바랍니다.

예배의 열매: 치유

함께 살펴본 이사야서 6장 외에도, 성경이 말씀하는 예배의 열매들이 있습니다. 그중 하나가 바로 '치유의 열매'입니다.

예수님이 공생애를 통해 섬기신 사역은 크게 설교(Preaching), 가르침(Teaching), 치유(Healing) 세 가지로 분류할 수 있습니다.

특히 복음서에는 예수님이 행하신 41개의 치유 사역이 기록되어 있습니다. 복음서에서 예수님의 대화를 담고 있는 내용 중 약 40퍼센트가 치유 사역과 관련이 있지요. 그만큼 예수님의 공생애 사역에서 치유 사역은 아주 중요한 비중을 차지합니다.

2천 년 전 고대 근동 지역의 의술은 좋은 향신료나 약초를 아픈 부위에 바르는 정도였기에 질병으로 심각한 고통을 당하는 사람이 참 많았습니다. 이에 예수님은 수많은 사람의 영적 장애를 고쳐주셨을 뿐 아니라, 육신의 질병으로 고통받는 사람들도 간과하지 않고 고쳐주셨지요.

> 내 영혼아 여호와를 송축하며 그의 모든 은택을 잊지 말지어다 그가 네 **모든 죄악**을 사하시며 네 **모든 병**을 고치시며 시 103:2,3

우리가 하나님을 송축하고 그분의 모든 은혜를 기억하며 나아갈 때, 하나님께서 우리의 모든 죄악을 사하시며 모든 병을 고치신다고 말씀합니다.

"모든 죄악"은 내면의 영적인 문제, "모든 병"은 육체의 문제라고 할 수 있습니다. 결국 우리가 하나님께서 행하신 구원의 은혜를 기억하며 예배의 자리로 나아가 전심으로 주님을 송축할 때, 하나님은 우리 영육의 문제를 해결해 주십니다. 예배를 통해 치유의 역사가 하나님의 임재 가운데 일어나지요.

실제로 그와 같은 역사를 체험한 간증이 많습니다.

얼마 전에 어려운 일을 당한 한 성도를 위로하기 위해 전화를 걸었습니다. 그런데 성도가 밝은 목소리로 간증을 나눠주었지요. 그는 2개월이나 극심한 불면증에 시달리며 이루 말할 수 없는 고통 속에 있었습니다. 그런데 마침 교회에 금요 찬양 예배가 있어서 현장에 가고 싶었지만, 상황이 여의찮아 온라인으로 참여했지요.

그가 방에서 혼자 찬양하며 말씀을 듣고 기도하는데, 여느 때와 다른 하나님의 은혜가 부어졌습니다. 그리고 그날 밤부터 불면증이 싹 사라진 거예요. 사실 그는 불면증 말고도 힘든 질병으로 고생하고 있었어요. 그런 그가 제게 말했습니다.

"하나님이 남들은 잘 고쳐주시는 것 같은데, 저는 한 번도 그런 경험이 없어서 서운했어요. 하지만 이번에 치유를 경험하고 나니 격려도 받고, 힘을 얻고, 하나님께 소망이 생겨서 가족과 주변 사람들에게 하나님을 자랑하며 간증하고 있습니다."

그의 간증을 들으며 얼마나 힘이 나던지요. 이와 같은 일이 예배 가운데 일어납니다.

유학 시절, 꼭 가보고 싶은 예배가 있었어요. 그래서 아내와 아이를 데리고, 차로 8시간을 가서 집회장 근처에 숙소를 잡고 4박 5일간 머물면서 예배를 드린 적이 있습니다.

셋째 날, 그곳에서 치유 사역이 있으니 아픈 사람은 신청서에 이름과 연락처와 원하는 시간을 써넣으라고 했어요. 저는 아내의 이름을 적어서 냈습니다. 당시 아내가 눈과 코의 알레르기로 극심한 어려움에 있었거든요. 저는 치유 사역이 어떻게 이루어지는지 너무 궁금했고, 보고 싶었습니다.

신청서에 적은 시간이 되자, 아내가 호명되었고 사역팀이 있는 곳으로 안내를 받았습니다. 이후의 일은 아내에게 들었는데, 작은 방에서 성찬식을 했다고 해요. 예수님이 우리의 죄를 위해 찢기신 살과 흘리신 피를 기억하며 우리를 온전케 하시는 예수님을 바라보자고 하더래요. 그러고는 예배가 진행되는 동안 회중석 맨 뒷자리에 앉아있게 하고는, 사역 팀원들이 조용히 아내에게 손을 얹고 기도해 주었다고 합니다.

그때 저는 맨 앞쪽에서 예배를 드리고 있었어요. 특별히 그 시간에 드린 예배가 얼마나 큰 은혜가 되었는지 모릅니다. 예배를 마칠 무렵, 아내가 울면서 제게 와서 말하더군요.

"여보, 내가 뒤편에서 성찬식을 하고 기도를 받고 나서 예배를 드리는데 찬양 중에 너무 많은 눈물을 흘렸어요. 그러더니 갑자기 눈에 뜨거운 조명을 들이댄 것처럼 뜨거움이 느껴지고 눈물이 흐르기 시작했어요. 그러고는 눈가에 있던 알레르기가 깨끗해졌어요."

아내에게 치유가 일어난 거예요. 하나님의 치유하심을 경험한 아내는 많은 격려를 받았습니다. 유학생 아내로 타국에서 두 아이를 낳아 키우면서 많이 지쳐있었는데, 그날의 치유를 통해 크신 하나님의 위로가 아내에게 임했지요.

'하나님께서 나를 사랑하시고 나를 붙잡아 주시는구나!'

이런 확신이 아내의 마음을 채운 거예요.

강 좌우 가에는 각종 먹을 과실나무가 자라서 그 잎이 시들지 아니하며 열매가 끊이지 아니하고 달마다 새 열매를 맺으리니 그 물이 성소를 통하여 나옴이라 그 열매는 먹을 만하고 그 잎사귀는 약재료가 되리라 겔 47:12

성전 동편에서 흐르는 물이 강을 이루자, 강가에서 자라는 나무들은 잎사귀까지 약재료가 되어 많은 사람을 치료하는 역사를 가져왔지요. 지금도 살아계신 하나님은 우리를 치유하십니다. 육신의 질병뿐 아니라 내면의 상처도 치유해 주세요.

대학교 2학년 여름 방학 때, 한 선교단체에서 진행하는 청소년 수련회의 교사로 섬길 기회가 있었습니다. 그런데 제가 맡은 아이들이 예사롭지 않았어요. 수련회 동안, 수없이 사라지기를 반복했지요. 아이들을 찾아서 다시 예배 자리로 데려오는 게 제 일이었습니다.

아이들은 몰래 담배를 피우거나 답답해하며 친구들과 다른 곳으로 피신해 있는 경우가 대부분이었습니다. 지금 생각해 보면, 수련회에 온 것만 해도 기특한 일인데, 그때는 사라지는 아이들이 야속하기만 했습니다.

한번은 저녁 집회 때 예배를 드리려는데, 아이들 몇 명이 또 안 보이는 거예요. 예배가 시작되었지만, 저는 나가서 아이들을 데리고 예배 자리로 돌아와야 했지요. 얼마나 정신이 없던지요. 숨 돌리고 앉아서 찬양을 하는데, 뜬금없이 한 장면이 제 머릿속에 펼쳐졌어요.

'내가 힘들어서 예배에 집중하지 못하고 딴생각을 하나 보다.' 이렇게 생각하며 애써 지우려 해도, 머릿속에 장면이 생생하게 펼쳐지는 거예요.

중학생쯤 되어 보이는 아이가 추운 겨울에 두툼한 한복 저고리를 입고, 귀마개를 하고, 연탄을 어깨에 짊어지고 시장으로 가는 다리로 걸어가고 있었어요. 그런데 마침 다리 맞은편에서 또래 아이들이 교복을 입고 삼삼오오 무리 지어 걸어왔어요. 그러자 연탄을 들고 가던 아이가 다리 밑으로 숨더라고요. 그러더니 아이들이 다 지나가자, 위로 올라와서 다시 다리를 건너는데, 아이가 서러운 눈물을 흘리며 시장 쪽으로 연탄을 메고 가는 겁니다.

장면이 생생해서 참 의아했습니다. 그런데 마음 깊은 곳에서 이런 소리가 들리는 거예요.

'그 아이가 바로 네 아버지다.'

그 음성을 듣고, 저는 오열하기 시작했어요. 당시 저는 아버지와 심각한 갈등 관계에 놓여있었습니다.

저는 어린 시절부터 아버지가 어머니와 우리 형제를 보호해 주지 못한다고 생각했던 것 같아요. 사실 문제없는 집이 어디 있겠어요. 우리 가정도 쉽게 나눌 수 없는 많은 문제가 있었지요. 하지만 저는 어릴 때부터 문제가 생기면 먼저 아버지를 원망했습니다. 사춘기가 시작되면서 제 반항은 더 심해졌고, 급기야 아버지가 가출하는 일도 있었지요. 아들이 얼마나 심하게 대들었으면 아버지가 집을 나갔겠어요.

그런 상황에 제가 신학교에 가면서, 신앙이 없던 아버지와 더 큰 갈등 관계에 놓이게 되었습니다. 자식에게 많은 기대를 했던 아버지는 실망감을 자주 표출했고, 저는 그런 아버지를 이해하지 못해 대들기 일쑤였지요. 예수님을 만났고, 부르심을 받아 신학교에 갔음에도 아버지와의 관계는 나아질 기미가 보이질 않았습니다.

그런데 섬기러 간 여름수련회의 예배 자리에서, 뜬금없이 아버지에 관한 장면이 보인 거예요. 하나님께서 '울면서 연탄을 메고 시장으로 가는 아이가 바로 네 아버지다'라고 하시는 순간, 저는 오열하기 시작했어요. 아버지가 너무 불쌍하다는 생각이 저를 가득 채우더군요.

아버지는 충남 논산에서 태어나 술과 도박으로 살던 할아버지를 피해, 초등학교를 졸업하고 곧장 대전으로 건너와 시장 밥을 먹으면서 어렵게 자랐다고 합니다. 친구들이 학교 다닐 때, 시장에서 눈치 보며 크느라 부모의 따뜻한 사랑을 받아본 적이 없었지요.

아버지의 성장배경은 알았지만, 그 마음이 어땠을지는 몰랐습니다. 그런데 그날 예배 때 머릿속에 보인 짧은 장면으로 인해 아버지의 인생이 제 마음에 다가오더라고요. 얼마나 울었는지 모릅니다. 그런 경험은 처음이었어요. 예수님 때문도 아니고, 말씀 때문도 아니고, 그저 아버지가 불쌍해서 눈물이 나는 겁니다.

부모의 따뜻한 사랑을 받아보지 못했기에, 사랑을 표현하는 것도 어색할 수밖에 없었던 아버지가 이해되더라고요. 제가 "아버지~ 아버지~" 하면서 우니까, 주변에서는 하나님 아버지를 만나는 줄 알았는지 제게 손을 얹고 기도해 주었어요.

그 후 예배 때마다 아버지가 불쌍해서 눈물을 흘렸습니다. 수련회를 마치고 돌아가면서, 아버지를 만나면 안아줘야겠다고 다짐했고 바로 실행에 옮겼습니다. 아버지는 어색한 포옹에 몹시 당황한 듯했지요.

그런데 그거 아세요? 하나님이 아버지를 향한 제 마음은 고쳐주셨는데, 아버지는 그대로인 거예요. 한 번에 바뀌진 않더라고요. 그 관계를 바꾸는 건 은혜를 받은 제 몫이었어요. 감사하게도, 제가 아버지의 인생을 이해하자 이전과는 다르게 반응했고, 아버지와의 관계도 놀랍도록 회복되었습니다.

당시는 그 일이 '내적 치유'라는 걸 몰랐어요. 그저 하나님께 나아갔더니, 예배의 자리에서 제 내면의 가장 큰 상처와 아픔을 치유해 주셨습니다.

상심한 자들을 고치시며 그들의 상처를 싸매시는도다 시 147:3

하나님은 상심한 자들을 고쳐주세요. "상심한"의 원문은 '상처 받은 영(내면)'을 의미합니다. 하나님은 상처받은 내면을 고치시는 분이세요. 어느 부모가 상처 입고 집에 온 자녀를 그냥 두겠어요. 하물며 하나님 아버지께서 예배하는 우리를 아픈 채로 두실까요! 하나님은 우리를 반드시 고치십니다.

예배 때 이유 없이 눈물이 나면, 그냥 우세요.
그럴 때가 있습니다.
예배 가운데 이유 없는 기쁨이 차오르면,
마음껏 표현하고 자유함을 누리세요.
주님이 일하십니다. 그분이 역사하세요.

예배 때 감정을 드러내면 안 된다는 잘못된 개념을 가진 이들이 얼마나 많은지 몰라요. 하지만 아니에요. 다윗이 성전에서 드린 고백을 보면, 하나님의 임재 앞에서 얼마나 감정적인가요. 예배는 그런 시간이어야 합니다. 하나님 앞에서 우리의 감정이 건강하게 살아나는 시간이요. 물론 덕을 세우지 못하는 무절제함과 질서 없음은 경계해야 하지요.

하나님은 제 흐르는 눈물 속에서 많은 부분을 새롭게 하셨습니다. 당시엔 제 표정이 지금처럼 평안하질 않았어요. 어릴 때부터 무언가에 늘 쫓기는 것 같았고, 누가 나를 때릴 것만 같았어요. 그래서 가족과 친척에게 제 얼굴이 표독스럽다는 이야기를 자주 들었지요.

그런데 예수님을 인격적으로 만나고 나서는, 예배만 드리면 이유 없이 눈물이 나는 거예요. 찬양을 부르고, 말씀을 들으면서 눈물을 얼마나 흘렸는지 모릅니다. 그리고 어느 날, 어머니가 제 얼굴이 달라졌다고 하더라고요.

그렇습니다. 하나님은 우리의 예배 속에서 우리를 알게 모르게 치유하세요. 그 주님을 신뢰하세요. 무엇보다 가장 극심한 죄의 질병에서 우리를 고치신 구원자 예수 그리스도를 믿음의 눈으로 바라보길 바랍니다. 하나님은 우리의 상한 마음을 치유하시고, 육신의 상처도 치료하십니다. 살아계신 하나님의 치유의 손길을 누리며 더욱 담대히 예배자로 서길 바랍니다.

예배의 열매: 때를 따라 돕는 은혜

지금까지 나눈 것 외에도 예배를 통해 누리는 다양한 열매들이 있습니다.

먼저는, 예배를 통해 성령의 은사가 부어집니다. 이런 경우를 성경에서 볼 수 있어요. 특히 '은사장'으로 불리는 고린도전서 12장은 원래 고린도 교회의 '공 예배'(Public Worship)의 질서를 잡기 위해 쓰였습니다. 예배 가운데 일어나는 은사가 풍성해서 질서를 세우는 일이 필요했던 거예요. 이처럼 우리가 하나님을 전심으로 예배할 때 성령의 은사가 부어집니다.

또한, 예배를 통해 어둠이 떠나가는 역사가 일어납니다. 어둠을 이기는 방법은 빛을 비추는 것입니다. 빛을 비추면 어둠이 사라지지요. 우리 삶에 빛을 비추기 위해 해야 하는 것이 바로 예배입니다.

야고보서 4장 7절은 하나님께 복종하고 마귀를 대적하라고 말씀합니다. 이때 하나님께 복종하는 것이 먼저예요. 예배는 하나님께 복종하는 가장 상징적인 통로입니다. 예배 안에서 온전하게 하나님을 경배하며 나아갈 때 마귀를 대적하는 힘이 부어지고, 마귀가 우리를 피하는 역사가 일어납니다.

《영적 전쟁》을 쓴 딘 셔만 목사님이 한국에 방문하여 영적 전쟁을 주제로 말씀을 전했는데, 마지막 주제가 바로 '예배'였습니다. 예배가 가장 강력한 영적 전쟁의 무기라는 거예요.

어둠이 당신 삶을 휘감고 있나요? 하나님께 엎드려 그분의 영광을 찬양하세요. 당신 삶에 빛을 선포하세요. 태초에 삼위일체 하나님께서 천지를 창조하시기 전에 세상은 혼돈과 공허, 카오스 상태였어요. 질서가 없었지요. 그때 하나님께서 무엇을 가장 먼저 창조하셨나요? '빛'입니다.

하나님은 빛을 창조한 분이세요. 우리의 삶이 아무리 어두워도 하나님은 빛을 비추실 수 있는 전지전능한 분이세요. 우리의 문제가 우리에게는 어려워도, 하나님께는 쉽습니다.

가정과 직장과 세상에 빛을 비추세요. 예배를 통해 빛을 비추면 어둠이 떠나가고, 사단의 궤계를 무력화하는 하나님의 능력이 나타날 것입니다. 히브리서 말씀을 보세요.

우리에게 있는 대제사장은 우리의 연약함을 동정하지 못하실 이가 아니요 모든 일에 우리와 똑같이 시험을 받으신 이로되 죄는 없으시니라 그러므로 우리는 긍휼하심을 받고 **때를 따라 돕는 은혜**를 얻기 위하여 **은혜의 보좌 앞에 담대히 나아갈 것이니라** 히 4:15,16

이 땅에 인간의 몸으로 오셔서 우리의 아픔과 고통과 모든 필요를 아시는 하나님이신 예수님이 은혜의 보좌에 앉아 계십니다. 우리가 예배 가운데 십자가를 의지하여 그 은혜의 보좌로 담대히 나아갈 때, 하나님은 때를 따라 돕는 은혜를 주십니다. 참 놀라운 표현이에요. 나의 상황과 환경에 가장 적절한 은혜를 주신다는 말씀입니다.

우리가 예배하는 일차 목적은 당연히 하나님을 영화롭게 해드리는 데 있지만, 이 땅에서 힘들고 어려운 일을 당할 때, 하나님의 도움을 얻고자 은혜의 보좌 앞으로 나아가는 것도 중요한 예배의 동기임을 히브리서 말씀이 가르쳐줍니다.

그렇습니다. 하나님께서 은혜의 보좌에 앉아 계십니다. 그 보좌에서 때를 따라 돕는 은혜를 베푸시지요. 은혜는 우리의 공로나 자격과는 상관없이 하나님의 사랑과 자비로 베풀어주시는 선물과도 같아요. 그 선물이 하나님을 예배하는 자에게 부어집니다. 그래서 우리의 예배가 삶의 피난처가 되는 거예요.

다윗은 극심한 어려움이 찾아오면, 주의 날개 아래로 피했습니다. 주의 날개는 어디에 있을까요?

내가 영원히 주의 장막에 머물며 내가 주의 날개 아래로 피하리이다
시 61:4

다윗은 주의 날개 아래로 피하려고 하나님의 임재가 있는 주의 장막으로 향합니다. 이것이 우리의 신앙이 되어야 합니다. 예배는 하나님을 위한 것입니다. 그런데 예배의 열매는 누구를 위한 것인가요? 바로 하나님을 예배하는 자를 위한 것입니다.

하나님은 좋으신 분이에요. 그분은 예배하는 우리를 절대 그냥 돌려보내지 않으세요. 기본이 '은혜의 보좌'입니다. 하나님 앞에 서는 것만으로도 은혜가 흘러오는 거예요.

누가 하나님 앞에 설 수 있나요? 예수 그리스도의 십자가 죽음과 부활하심과 그를 통한 구원의 역사를 믿는 자는 누구든지 하나님의 보좌 앞에 설 수 있어요. 이뿐입니다. 예수님을 믿는 믿음이면 충분합니다.

은혜의 보좌 앞으로 담대히 나아갑시다. 그곳에서 부어주시는 때를 따라 돕는 은혜를 누리며, 이 땅에서 선한 싸움을 다 싸워내고, 달려갈 길을 온전히 마치는 당신이 되길 바랍니다.

W O R S H I P

3부

영원을 준비하는 시간

10 예배의 기초, 감사

W O R S H I P

하나님이 시작하신다

예배를 공부할 때, 교수님들에게서 자주 들은 말이 있습니다.

"God intiates Worship"(하나님께서 예배를 시작하신다)!

하나님께서 예배를 주도하시며 우리를 이끄신다는 의미입니다. 어찌 보면 당연한 말이지만, 어느 순간부터 제게는 이 사실이 얼마나 중요하게 다가왔는지 모릅니다.

하나님께서 예배를 시작하십니다. 성경을 보면, 언제나 하나님께서 먼저 시작하셨고, 먼저 부르셨어요. 아브라함을 부르셔서 복의 근원이 되게 하셨고, 모세를 부르셔서 이스라엘을 이끌게 하셨습니다. 그리고 우리가 아직 죄인 되었을 때, 하나님은 아들 예수님을 세상에 보내서서 구원의 길을 마련하시고, 우리를 복음으로 부르셨습니다.

내가 하나님을 붙잡은 것 같아도, 절대 그렇지 않아요. 하나님이 창세 전부터 우리를 택하고 부르신 것입니다(엡 1:4).

예배도 그렇습니다. 예배는 사람이 생각해서 고안해 낸 자발적 행위가 아닙니다. 하나님께서 사랑과 은혜로 그분을 만나는 길을 계시해 주셨기에 드릴 수 있는 겁니다. 우리가 하고 싶은 대로, 마음대로 예배하는 것이 아닙니다. 하나님께서 먼저 우리에게 예배의 길을 보이셨습니다. 우리가 먼저 예배하는 것처럼 보이나, 절대 그렇지 않아요.

주께서 **택하시고** 가까이 **오게 하사** 주의 뜰에 **살게 하신** 사람은 복이 있나이다 우리가 주의 집 곧 주의 성전의 아름다움으로 만족하리이다 시 65:4

다윗의 시편 고백 그대로예요. 하나님께서 우리를 택하시고, 하나님께로 오게 하셔서 주의 전에 머물게 하십니다. 하나님께서 먼저 일하시고, 우리는 그분이 베푸신 은혜에 반응하며 예배하는 거예요.

예배는 하나님의 계시를 따라 응답하는 시간입니다. 하나님께서 말씀을 통해 가르쳐주신 예배를 순종하며 적용하는 시간입니다. 내 멋대로, 내 감정을 따라 예배하는 게 아니에요. 하나님께서 가르쳐주신 진리를 따라, 그 진리에 내 감정을 실어서 순종하며 나아가는 시간이 우리의 예배가 되어야 합니다.

그러기 위해서 무엇보다 진리가 가르쳐주는 예배를 배워야 하지요. 예배는 크게 '감사, 찬양, 경배' 세 가지로 이루어집니다.

감사는 예배의 기반입니다. 감사의 기반 위에서 찬양이 드려지고, 찬양을 통해 경배의 은혜를 누리게 되니까요. 이런 예배의 구성을 한 장면으로 묘사하여 설명해 주는 말씀이 바로 시편 100편입니다.

감사함으로 그의 문에 들어가며 **찬송함**으로 그의 궁정에 들어가서 그에게 감사하며 그의 이름을 **송축**할지어다 시 100:4

우리가 예배하고자 들어가는 문은 언제나 '감사의 문'이어야 합니다. 감사의 문을 지나 '찬송'함으로 하나님의 궁정에 들어가서 그분을 '송축'하는 시간이 바로 경배의 시간이에요.

이런 구성에서 설교, 기도, 노래(찬양), 헌금과 같은 방법이 감사와 찬양과 경배의 수단으로 사용됩니다.

이번 장에서는 예배의 요소 세 가지 중, 예배의 기반이 되는 '감사'를 살펴보겠습니다.

감사로 제사를 드리는 자가 나를 영화롭게 하나니 그의 행위를 옳

게 하는 자에게 내가 **하나님의 구원**을 보이리라 시 50:23

"감사로 제사를 드리는 자"를 원어 성경에서 직역하면 '감사하는 마음을 제물로 바치는 자'라는 의미예요. 더 와닿는 표현이지요. 이 의미로 읽어보면, '감사하는 마음을 하나님께 드리는 자가 하나님을 영화롭게 한다'라는 거예요. 우리가 하나님께 감사하며 예배 가운데로 나아갈 때 하나님께서 영광 받으십니다.

앞서 살펴보았듯이, 하나님은 예배 가운데 영광 받으시며 우리를 그냥 돌려보내지 않으십니다. 하나님께 감사의 마음을 제물로 바치며 예배하는 자, 감사를 옳게 하는 자에게 하나님께서는 그분의 구원을 보여주겠다고 약속하십니다.

여기서 말하는 "하나님의 구원"은 '하나님의 도우심'이에요. 하나님의 도우심이 어디에서 풀어지나요? 하나님께 감사의 마음을 드리며 나아가는 예배 자리에서 풀어집니다.

감사는 하나님의 도움을 받고자 하나님을 찾는 예배자의 삶의 양식입니다. 온전하게 감사하며 하나님 앞에 나아갈 때, 하나님께서 그분의 구원을 경험하게 하십니다. 이 말씀은 거꾸로 이해하는 것이 더 와닿을 수 있습니다. 하나님의 구원을 경험한 사람이라면 반드시 감사로 하나님을 예배하게 되어 있지요.

이 말씀을 있는 그대로 믿기를 바랍니다. 많은 성도가 삶의 풍요가 찾아올 때만 감사하는 것으로 오해합니다. 그러나 진정한 감사의 척도는 '재물의 유무'가 아닌 '구원의 여부'입니다.

우리가 하나님께 온전히 감사하기 시작할 때, 하나님은 그분의 구원을 보이십니다. 또한 하나님의 구원을 경험하기 시작할 때, 진정한 감사가 일어납니다.

역대하 20장을 보면, 남 유다의 4대 왕인 여호사밧 왕 때, 모압과 암몬이 남 유다를 침범합니다. 성경은 아주 큰 무리가 쳐들어왔다고 말씀합니다. 당시 남 유다의 군사력으로는 맞서기 힘든 엄청난 위기가 찾아온 거지요. 그때 여호사밧 왕이 하나님께 간구하며 온 유다 백성에게 금식령을 공포합니다(대하 20:3).

얼마나 간절했는지, 여호사밧과 유다 백성은 기도하기 위해 성전 새 뜰 앞에 모입니다. 여호사밧 왕은 자신들이 처한 상황을 하나님께 자세히 고하며 간구하지요. 그러는 가운데, 회중에 있던 레위 사람 야하시엘에게 여호와의 영이 임합니다. 하나님께서 그를 통해 분명하게 선포하세요.

"이 전쟁은 너희가 하는 것이 아니라, 나 하나님이 맡아 하는 것이다. 나 주가 너희와 함께 있겠다"(대하 20:15,17 새번역).

그러자 여호사밧과 백성들이 전심으로 하나님을 경배하며 높여드립니다. 그리고 다음 날, 그들은 모압과 암몬과의 전투를 앞두고 다음과 같은 결단을 내립니다.

백성과 더불어 의논하고 노래하는 자들을 택하여 거룩한 예복을 입히고 군대 앞에서 행진하며 여호와를 찬송하여 이르기를 여호와께 감사하세 그의 인자하심이 영원하도다 하게 하였더니 대하 20:21

당시 남 유다는 모압과 암몬의 군사력에 비하면 절대적인 열세였습니다. 전력이 너무 차이 났지요. 남 유다가 자기 힘으로는 싸울 수 없는 상대를 만난 것입니다. 그러자 그들이 하나님을 바라보기 시작합니다.

이때 필요한 것이 '하나님의 구원'입니다. 여호사밧과 남 유다 백성은 하나님의 구원이 드러나는 가장 강력한 방법을 택합니다. 실로 도전이 되는 것은, 왕과 백성들이 절체절명의 상황에서 한참을 회의하고 내린 결론이 이와 같았다는 거예요.

오늘날 우리의 상황에 대입해 본다면, 거센 환난과 시험 앞에서 교회가 함께 모여 의논하고는, 하나님을 더욱 전심으로 예배하고 찬양하기로 결단하는 거예요. 감사를 집중적으로 선포하는 거지요. 얼마나 놀라운 도전인가요!

여호사밧 왕과 남 유다 백성은 군대보다 앞쪽에 노래하는 자들을 세워, 싸울 때 입는 군복이 아닌 하나님을 예배하기 위한 거룩한 예복을 입히고, 찬송하며 감사를 선포하게 합니다.

"여호와께 감사하세! 그의 인자하심이 영원하도다!"

하나님을 향해 바랄 수 없는 중에 바라며, 하나님의 언약이 그

순간 생명으로 역사하심을 기억하면서, 하나님의 인자하심이 영원할 것을 찬양합니다. 그러자 다음과 같은 역사가 일어나지요.

그 노래와 찬송이 시작될 때에 여호와께서 복병을 두어 유다를 치러 온 암몬 자손과 모압과 세일 산 주민들을 치게 하시므로 그들이 패하였으니 대하 20:22

감사의 노래! 찬송을 통해 감사를 선포하자 하나님께서 구원을 보이십니다. 사람의 구원 수준을 뛰어넘어 하나님의 놀라운 구원을 보이세요. 감사하는 자들로 그것을 경험하게 하십니다.

감사할 수 있는 이유

어떻게 여호사밧 왕과 남 유다 백성이 이런 강력한 감사를 드릴 수 있었을까요?

이에 백성들이 아침에 일찍이 일어나서 드고아 들로 나가니라 나갈 때에 여호사밧이 서서 이르되 유다와 예루살렘 주민들아 내 말을 들을지어다 너희는 **너희 하나님 여호와를 신뢰하라 그리하면 견고히 서리라** 그의 선지자들을 신뢰하라 그리하면 형통하리라 하고
대하 20:20

여호와를 신뢰하면 견고히 서리라는 분명한 믿음이 있었기에 감사할 수 있었어요. 하나님을 향한 믿음이 감사를 가져온 거예요. 극심한 환난이 닥쳐와 위태로운 상황에서도 하나님이 도우시며 구원하실 거라는 믿음이 일어나자, 전쟁터 한가운데서도 하나님을 향한 감사의 고백을 드릴 수 있었던 겁니다.

> 믿음이 없이는 하나님을 기쁘시게 하지 못하나니 하나님께 나아가는 자는 반드시 그가 계신 것과 또한 그가 **자기를 찾는 자들**에게 상 주시는 이심을 믿어야 할지니라 히 11:6

믿음이 없이는 하나님을 기쁘시게 할 수 없다고 말씀합니다. 하나님을 기쁘시게 하는 믿음은, 하나님이 살아계셔서 그분을 찾는 자들에게 상 주시는 분임을 믿는 믿음입니다. '하나님을 찾는 것'이 무얼 의미하나요? 예배입니다. 하나님은 그분을 예배하는 자에게 상 주시는 분이세요.

아무리 힘들고 위기가 닥쳐와도 하나님을 찾으면 보답해 주신다는 믿음이 있으니, 미리 감사를 드릴 수 있습니다. 하나님께서는 우리의 선제적 감사, 미리 터져 나오는 감사를 기뻐하며 보답해 주세요.

'믿음이 없이는 하나님을 기쁘시게 하지 못한다'라는 말을 '감사 없이는 하나님을 기쁘시게 할 수 없다'로 해석해도 무방할 만큼, 감사는 믿음과 연결되어 있습니다.

아무것도 염려하지 말고 다만 모든 일에 기도와 간구로, 너희 구할
것을 감사함으로 하나님께 아뢰라 그리하면 **모든 지각에 뛰어난
하나님의 평강**이 그리스도 예수 안에서 너희 마음과 생각을 지키시
리라 빌 4:6,7

염려스러운 상황에도 무조건 감사함으로 하나님께 기도하라
고 말씀합니다. 그럴 때 "모든 지각에 뛰어난 하나님의 평강"이
예수 안에서 우리의 마음과 생각을 지키신다고요. 여기서 "지각"
이라는 단어는 '영, 정신, 내면'을 의미합니다. 즉, 우리가 감사하
며 기도할 때 하나님께서 평강을 부어주셔서 염려로 인해 불안한
우리의 마음과 생각을 지키신다는 거예요.

다니엘서 6장을 보면, 30일간 왕 외의 다른 신에게 기도하는
사람은 사자 굴에 던져 넣는다는 법령이 바벨론에 내려집니다.
이것은 다니엘을 시기하던 총리와 고관들이 날마다 예루살렘을
향해 기도하는 그를 죽이기 위해 파놓은 함정이었지요. 세상의
권모술수에 다니엘이 놓이게 된 거예요. 그러자 그가 어떻게 했
나요?

다니엘이 이 조서에 왕의 도장이 찍힌 것을 알고도 자기 집에 돌아가서는 윗방에 올라가 예루살렘으로 향한 창문을 열고 전에 하던 대로 하루 세 번씩 무릎을 꿇고 기도하며 그의 **하나님께 감사하였더라**

단 6:10

그도 사람인데 왕의 도장이 찍힌 조서를 확인하고 얼마나 두려웠을까요. 그러나 다니엘은 두려움을 이기고 하나님께 감사를 고백합니다. 결과가 어땠지요? 사자 굴에 던져진 다니엘에게 하나님께서 그분의 구원을 보이셨어요. 천사를 보내셔서 사자들의 입을 봉하시며 그를 구하셨습니다.

우리가 하나님을 경외하며 하나님 편에 서려 할 때, 세상이 가만히 두던가요? 세상은 절대 만만하지 않습니다. 예수 그리스도의 십자가와 그를 따르는 성도에게 결코 호의적이지 않아요. 세상 자체가 죄악 된 본성을 따라 움직이기 때문이지요.

게다가 오늘날 현대사회는 물질주의를 기반으로 다원주의, 세속주의, 상대주의적 가치관 안에서 강력한 사상적, 문화적 흐름을 형성하기에 이르렀습니다.

성경은 절대 기준을 제시하지만, 세상은 이를 정면으로 반박하지요. 절대 진리가 아닌 개인의 다양한 가치관을 존중해야 한다고 강력하게 주장하며, 사람들의 동의를 얻으려 힘쓰고 있습니다. 사단은 아주 오랫동안 공중 권세를 잡고서 이런 세상을 공들여 만들어 왔지요.

교회가 절대 진리 안에서 외치는 복음과 세상의 가치관은 강한 충돌을 일으킬 수밖에 없는 대치점에 놓여 있습니다. 이런 세상 한가운데 우리가 살고 있어요. 그러니 삶의 자리에서 겪는 현실적 어려움과 방해와 술수가 왜 없겠어요.

이런 상황을 만날 때, 우리는 절대 싸움닭이 되면 안 됩니다. 하나님을 사랑하는 마음으로, 영혼을 구원하려는 순전한 마음으로 세상을 향해 나아간다 해도, 세상이 사나울 수 있습니다. 악으로 돌을 던질 수 있어요. 그럴 때 똑같이 악으로 받아치면 안 됩니다.

시편 64편을 보면, 다윗이 하나님 편에 선 그를 죽이고자 온갖 악한 말과 간계로 상대하는 대적을 만납니다. 다윗은 '대적들이 칼같이 자기 혀를 연마하여 독한 말을 겨누고 악한 목적으로 결의하여 자신을 죽이려 한다'라며 하나님 앞에 고백합니다.

그런 일을 당하면, 독해지기 마련이에요. 억울해서 악을 악으로 갚고 싶어집니다. 그런데 악의 구렁텅이에 빠진 다윗이 뭐라고 하나요?

의인은 여호와로 말미암아 **즐거워하며** 그에게 피하리니 마음이 정직한 자는 다 **자랑하리로다** 시 64:10

다윗은 악인들과 같은 모습을 보이지 않습니다. 오히려 하나님을 바라보며 즐거워합니다. 하나님께 피하면서 자랑한다고 말합니다. 여기서 '자랑하다'는 히브리어로 '송축하다, 찬양하다'라는 의미예요. 악을 대하는 모습이 이와 같아야 합니다. 악을 대하다 보면 나도 모르게 싸움닭이 되는 경우가 많습니다. 그러나 그래서는 안 됩니다.

마태복음 10장을 보면, 예수님이 제자들을 그룹 지어 전도 여행을 보내시면서 이렇게 말씀하세요.

보라 내가 너희를 보냄이 양을 이리 가운데로 보냄과 같도다 그러므로 너희는 뱀같이 지혜롭고 비둘기같이 순결하라 마 10:16

양을 이리 가운데로 보내십니다. 양이 이리떼로 들어가면 영락없이 죽을 것 같은데, 주님은 우리에게 양의 정체성을 가지라고 하세요. 순전한 양으로서 세상을 상대해야지, 세상이 이리라고 해서 우리가 사자가 되어서는 안 됩니다. 세상이 아무리 악해도 우리의 정체성을 잃지 말아야 합니다.

제가 교회를 개척하면서 '순전한교회'라고 이름을 지은 이유도 바로 여기에 있습니다. 우리는 세상 한가운데서 순전함을 지켜야 해요. 그러기 위해 입술에 항상 '감사'의 고백을 지녀야 합니다. 싸워서 얻는 승리의 열매가 아니라, 감사함으로 얻는 하나님의 의의 열매를 맛보아야 하지요.

우리의 예배가 바로 그런 시간이 되어야 합니다. 전쟁 같은 세상 한복판에서 정신없이 살다가 예배의 자리를 찾는 경우가 얼마나 많나요. 그럴 때, 우리는 감사의 선포로 나아가야 합니다. 그래야 하나님의 구원의 역사를 누릴 수 있습니다. 감사는 성도가 구원의 능력을 누리는 문입니다.

예배 전에 폭풍 같은 상황이 몰아쳐도, 예배자는 마음을 다잡으며 감사를 선택해야 합니다. 무조건 감사입니다! 오죽하면 '예배의 문이 감사'라고 도전하겠어요. 하나님을 예배하는 그 시작은, 무조건 감사입니다.

특히 예배자는 예배 시간보다 먼저 와서 예배를 준비해야 해요. 다양한 준비가 있을 수 있지만, 무엇보다 '감사의 시간'을 가져야 합니다. 예배 자리에 먼저 와 앉아서 감사 제목을 하나하나 고백해 보세요. 하나님께 감사를 고백할 수밖에 없는 이유를 발견하며 그분 앞에 나아갈 때, 그 감사의 자리에서 반드시 찬양이 터져 나올 거예요.

왜 감사로 제사를 드리는 자가 하나님을 영화롭게 한다고 말씀할까요? 부모가 되어 알게 된 것이 있습니다. 부모는 자녀가 감사를 표현할 때, 정말 감사해서 하는 것인지, 의무감에 하는 것인지를 구분할 수 있습니다.

자녀가 진심으로 감사를 표현하면, 부모는 마음이 녹아요.

그런데 더 나아가, 자녀가 감사할 만한 상황이 아닌데도 부모를 생각하여 감사한다면, 부모의 마음이 어떨까요? 그 감동이 더 클 거예요.

우리가 의무적인 예배가 아닌, 우리를 구원하신 예수 그리스도를 날마다 기억하며 감사함으로 나아가 그분을 섬긴다면, 하나님께서 얼마나 영광 받으실까요. 그것도 바랄 수 없는 중에 바라며 하나님께 감사의 제사를 드린다면, 하나님은 계획에 없던 구원도 허락하실 거예요.

11 찬양의 능력

찬양이란 무엇인가?

많은 사람이 찬양하지만, 찬양의 참된 의미를 모르고 하는 경우가 많습니다. 의미를 알고 하는 일과 모르고 하는 일은 그 동기와 지속성에 큰 차이가 납니다. 이유가 분명하면 지속할 힘이 생기지만, 명분이 없는 일을 지속하기란 매우 어렵지요.

신앙생활을 하며 "왜?"라는 질문을 많이 던지세요. 그리고 그 답을 성경 안에서 하나하나 배우고 새기는 시간을 가지세요. 왜 기도해야 하는지 알면, 기도가 달라집니다. 왜 예배해야 하는지를 알면, 예배가 더 깊고 새로워집니다. 찬양도 마찬가지예요.

'찬양'에 대해 공식처럼 자리 잡은 개념이 있습니다.

찬양 = 노래

고유명사처럼 찬양을 '교회에서 부르는 노래'로 인식하지요. 물론 찬양이 노래로 표현되기도 합니다만, 성경이 말씀하는 찬양은 그보다 더 크고 넓은 의미를 지닙니다.

성경에서 "찬양"으로 번역되는 히브리어 단어를 살펴보면 다음과 같습니다(헬라어도 유사한 의미의 단어가 사용되므로 히브리어 단어만 살펴봐도 찬양의 의미를 충분히 이해할 수 있어요).

- **야다**(יָדָה): '찬양하다, 감사하다, 고백하다'의 의미로, 하나님을 향한 감사와 찬양의 표현으로 자주 사용됨.
- **바락**(בָּרַךְ): '축복하다, 찬양하다, 무릎을 꿇다'라는 의미로, 하나님께는 '찬양'의 의미로 사용하고, 사람에게는 '축복'의 의미로 사용됨.
- **테힐라**(תְּהִלָּה): '하나님의 위대하심, 선하심, 인자하심 등을 노래나 시로 찬양하다'라는 의미로, 특히 하나님의 위대하심을 고백하며 영광 돌려드릴 때 사용됨.
- **자마르**(זָמַר): '노래하며 찬양하다, 악기로 연주하며 찬양하다'의 의미로, 하나님을 향한 찬양과 경배를 예술적인 방식으로 표현할 때 사용됨.
- **할랄**(הָלַל): '찬양하다, 자랑하다, 영광을 돌리다'라는 의미로, 성경에서 하나님을 찬양한다는 의미로 가장 많이 사용됨. '할렐루야'라는 문장에 사용되는, 하나님을 향한 찬양을 의미하는 핵심 용어.

'찬양'의 의미로 사용되는 용어들을 보면, 의미는 유사하지만 그것을 표현하는 방식이 다양함을 알 수 있습니다.

의미로 본다면, 찬양은 하나님의 행하심을 기억하며 칭찬해드리고 자랑하는 것입니다. 그 다양한 방식 또한 찬양입니다. 위 용어들의 의미처럼, 무릎을 꿇고, 노래로, 입술의 고백으로, 악기로, 시를 지어가며 하나님을 자랑하고 높여드리는 거지요. 실제로 누군가에 대해 자랑할 때도 그 방식이 얼마나 다양한가요.

제가 대학생 시절, 부모님이 장사하시던 시장 중앙 통로에 현수막 몇 개가 걸렸습니다. 아버지 지인의 아들이 사법고시에 합격했는데, 그 지인이 너무 기뻐서 누가 시키지 않았는데도 직접 현수막을 제작해서 시장 중요한 통로마다 건 거였어요. 얼마나 자랑하고 싶었으면 그랬을까요.

아무도 그것에 대해 뭐라고 하지 않았어요. 오히려 찾아가 축하하며 부러워했지요. 저는 아버지의 부러워하던 눈빛을 지금도 기억해요. 그때 가만히 있어야 했는데, 참지 못하고 아버지에게, "저도 같은 '사'자 들어가는 전도사예요"라고 했다가 본전도 못 찾았지요.

이렇듯 칭찬은 더 드러내고 싶고, 자랑은 더 크게 하고 싶은 것이 사람의 마음입니다. 하나님께 드리는 찬양도 마찬가지예요. 찬양은 하나님께서 행하신 크고 놀라운 일들이 너무나 훌륭하기에 터져 나오는 탄성이에요. 그 일들에 대한 이해와 동의와 감동이 예배자에게 있어야 찬양할 수 있지요.

그렇다면, 묻고 싶습니다. 우리가 평생 하나님을 찬양하는 이유는 무엇인가요? 하나님을 세상 가운데서 자랑하고, 칭찬해 드리며, 영광 돌려드리는 이유 말입니다. 사실 하나님께서는 우리가 이 땅에서 평생 그분을 찬양하고도 남을 연료를 이미 주셨습니다. 바로 예수 그리스도를 통한 십자가 사랑입니다.

우리 주 예수 그리스도와 우리를 사랑하시고 영원한 위로와 좋은 소망을 은혜로 주신 하나님 우리 아버지께서 살후 2:16

우리에게 이미 주신 영원한 위로와 소망이 있어요. 바로 예수 그리스도를 보내셔서 이루신 하나님의 구원 역사입니다. 구원받은 우리에게는 어떤 상황에서도 변함없이 누릴 수 있는 충분한 위로가 있습니다. 하나님을 향한 충분한 찬양의 이유가 있지요.

삶의 그 어떤 고단함도 이겨낼 영원한 위로가 이미 우리에게 있습니다. 그 어떤 시련도 극복할 수 있는 소망이 십자가에 있지요. 우리가 아직 죄인이었을 때, 독생자 예수님을 이 땅에 보내셔서 십자가의 죽음과 부활을 통해 우리를 구원할 길을 여신 하나님의 한없는 사랑은 우리로 평생 하나님을 찬양하게 합니다.

게다가 신앙의 연수가 더할수록 구원의 은혜를 이해하고 체감하는 깊이와 너비가 더 깊고 넓어집니다. 그러다 보니 하나님을 향한 자랑이 계속 업그레이드될 수밖에 없지요.

어디 그뿐인가요. 하나님을 의지하며 순종의 걸음을 걷다 보니, 하나님의 구원 역사가 영혼 구원의 영역뿐 아니라 삶의 다양한 상황 속에서도 풍성하게 일어나는 걸 경험합니다. 그러니 내 삶에 큰일을 이루시는 하나님을 향한 찬양이 더욱 풍성해질 수밖에요!

열왕기하 20장을 보면, 히스기야 왕이 중병에 걸려 죽을 위기에 놓입니다. 그에게 이사야 선지자가 찾아와서는 회복의 소식이 아니라 죽게 될 거라는 청천벽력 같은 소식을 전합니다.

그러나 히스기야는 포기하지 않아요. 하나님께 간절히 눈물로 기도하며 생명을 구해달라고 간구합니다. 하나님은 그의 기도를 들으시고 15년의 생명 연장과 예루살렘이 앗수르의 손에서도 구원될 것을 약속하십니다.

이사야 선지자가 무화과 반죽을 히스기야의 종기 위에 놓으라고 지시하고, 이에 순종한 히스기야는 놀라운 치유의 기적을 경험합니다. 질병으로 인한 죽음의 위기 가운데 놀라운 하나님의 치유하심을 경험한 히스기야가 가만히 있지를 못합니다.

오직 산 자 곧 산 자는 오늘 내가 하는 것과 같이 주께 감사하며 주의 신실을 아버지가 그의 자녀에게 알게 하리이다 여호와께서 나를 구원하시리니 **우리가 종신토록** 여호와의 전에서 수금으로 나의 노래를 노래하리로다 사 38:19,20

그는 평생 여호와의 집에서 수금으로 노래하며 찬양할 것을 약속합니다. 그가 하나님의 도우심을 경험하자, 모든 살아 있는 사람에게 자기처럼 하나님을 찬양하라고 외치지요.

찬양이 그렇습니다. 내 안에 행하시는 살아계신 하나님의 역사가 풍성하면 풍성할수록 찬양이 확대됩니다. 우리의 찬양이 그래야 해요. 컴퓨터와 휴대전화의 소프트웨어가 업데이트되는 것처럼 우리의 찬양도 날이 갈수록 업데이트되는 역사가 예배 가운데 일어나야 합니다.

그러나 반대로 하나님께서 행하신 십자가 구원의 은혜를 온전히 깨닫지 못하고, 그 의미를 풍성하게 묵상하지 않으면, 찬양은 한계를 만납니다. 삶의 자리에서 하나님과의 관계가 소원하고, 하나님의 역사하심을 체험하지 못하는 신앙생활이 지속되면 찬양이 정말 힘들어지지요. 입술로 고백하고 칭찬해 드릴 하나님의 하나님 되심을 경험하지 못한 상태에서 찬양을 하려니 얼마나 힘들겠어요.

제가 예전에 동역자들을 정기적으로 칭찬해야 했던 적이 있었습니다. 어떤 사람은 칭찬할 거리가 너무 많아서 칭찬하면서도 덩달아 기쁘더라고요. 하지만 어떤 사람은 쥐어짜도 칭찬이 하나 나올까 말까 했어요. 그러다 보니 더 과장하게 되고, 없는 걸 말하려니 마음이 쉽지 않더군요.

하나님을 찬양하는 시간도 마찬가지입니다. 그분의 놀라운 사랑과 은혜가 내 안에 충만히 새겨지면, 찬양 시간은 찬양하는 예배자 본인도 살아나는 시간이 됩니다. 그런데 반대로 하나님을 잘 모른다면, 그 시간이 아주 힘들겠지요.

당신의 찬양은 어떤가요? 불러도 불러도 부족한 시간, 채워도 채워도 여운이 남는 시간이 하나님을 찬양하는 시간이길 바랍니다. 예수 그리스도의 십자가만으로도 넘치고 넘치는 찬양의 은혜가 펼쳐지기를 축복합니다.

찬양의 두 가지 형태

찬양은 하나님을 자랑하고 칭찬해 드리는 시간입니다. 그러다 보니 두 가지 형태로 표현됩니다.

첫째, 하나님께 직접 고백하는 것입니다.

칭찬은 칭찬받을 만한 행동을 한 사람에게 직접 해주기 마련입니다. 하나님을 향한 우리의 찬양도 마찬가지예요. 하나님께 직접 고백해 드리는 찬양이 있지요. 그분의 위대하심과 크신 사랑을 자랑하는 것입니다. 내게 행하신 일들을 또박또박 고백하며 찬양할 때 임하는 은혜가 있습니다.

> 우리 주 하나님이여 영광과 존귀와 권능을 받으시는 것이 합당하오니 주께서 만물을 지으신지라 만물이 주의 뜻대로 있었고 또 지으심을 받았나이다 하더라 계 4:11

이십사 장로들이 보좌에 앉으신 하나님의 위엄을 경험하자 감탄 속에서 하나님께 직접 찬양을 올려 드리기 시작합니다. 만물이 하나님을 경배하는 것을 보자, 창조주 하나님의 위대하심이 이십사 장로에게 전인격으로 체감되어 찬양이 탄성처럼 터져 나온 것입니다.

내가 만나고 알게 되는 하나님의 하나님 되심이 깊어지면 깊어질수록, 하나님께 드리는 우리의 찬양은 더 풍성해질 것입니다.

둘째, 다른 사람 혹은 세상을 향해 하나님을 자랑하고 칭찬함으로써 찬양하는 것입니다.

우리는 누군가를 직접 칭찬하기도 하지만, 때로는 다른 사람에게 그의 칭찬받을 만한 일을 말하면서 칭찬하기도 합니다. 전자도 좋지만, 후자도 칭찬받는 대상에게 큰 격려가 되지요.

하나님을 향한 찬양도 그렇습니다. 우리가 하나님께 직접 고백할 수도 있지만, 사람들에게 하나님이 얼마나 좋은 분이신지를 이야기하며 찬양할 수도 있지요. 그래서 '복음 전파'도 하나님을 향한 강력한 찬양이 될 수 있습니다.

전도하다 보면, 예수님의 은혜와 사랑을 사람들에게 전하게 되잖아요. 하나님의 좋으심과 선하심을 전하다 보면 마치 찬양하면서 은혜를 받는 듯한 감격이 찾아올 때가 있지 않던가요? 그 이유는, 전도가 하나님을 자랑하고 칭찬해 드리는 강력한 찬양의 표현이기 때문입니다. 하나님께서 영광 받으시는 시간이지요.

때로는 직접 고백하는 것보다 세상 앞에서 하나님을 자랑하고 칭송해 드릴 때, 더 힘 있게 찬양할 수 있습니다. 하나님도 이를 기뻐하세요.

현재 세계적으로 사랑받고 있는 '방탄소년단'(BTS)이 이처럼 유명해진 이유 중 하나가 바로 그들을 지지하는 강력한 팬덤 '아미'(Army) 때문입니다.

무명에 가까웠던 한 소년 그룹이 SNS를 통해 팬들과 직접 소통하며 팬이 점차 늘자, 'Army'라는 강력한 팬덤이 형성되었지요. 그런데도 그들의 인지도는 대중적이지 못했어요.

그런데 미국의 각종 음악 시상식에 방탄소년단이 나타나면 팬들의 함성과 환호가 다른 가수들이 등장했을 때와 비교할 수 없을 정도로 큰 거예요. 미국의 내로라하는 가수들의 당황하는 모습이 카메라에 계속 잡혔지요. 놀랍게도, 그 후 방탄소년단의 위상이 달라졌어요. 팬들이 환호성을 지르고 좋아해 줄수록 그들의 위상이 높아졌지요. 세상에서 존귀히 여김을 받게 된 거예요.

예배도 똑같습니다. 찬양은 세상이 다 알도록 강력하게 드러나야 해요. 세상 그 누구보다 높고 위대하신, 만왕의 왕이신 주님을 향한 찬양을 어찌 잠잠하게 할 수 있겠어요!

앞서 살펴본 '찬양'이란 뜻의 히브리어 단어 중 가장 많이 사용된 '할랄'은 '자랑하다, 찬양하다, 영광을 돌리다'라는 뜻인데요, 이 단어는 상황에 따라 다른 의미로 쓰여요. '과장되고 지나칠 정도로 시끄럽게 행동하다, 바보스러울 정도로 시끄럽게 하다'라는 뜻도 있지요.

얼마나 기가 막힌 의미인가요. 찬양은 그런 시간입니다. 감히 어떤 유명인과 비교하겠어요. 우리가 예배하는 위대하신 하나님을 바라보기 시작할 때, '지나칠 정도로 시끄럽게' 찬양할 수밖에 없는 거예요.

지금 당신의 찬양은 어떤가요? 너무 정적이지 않나요? 오늘날 예배 때 감정을 드러내선 안 되고 정숙해야 한다는 생각이 지배적인 것 같아요. 물론 하나님을 경외함으로 예배하고, 질서 안에서 덕을 세우며 절제해야 하지만, 그분을 찬양할 때 우리의 감정도 아주 소중하게 표현되어야 함을 성경은 말씀합니다.

사이좋은 가정은 늘 같은 모습으로 식사하지 않습니다. 때로는 정숙하게 식사하기도 하지만, 때로는 울고 웃으며 손뼉을 치고 기뻐하면서 식사할 때도 있지요.

예배는 결국 '하나님과의 관계'입니다. 때로는 하나님의 위엄 앞에 잠잠히 거하며 예배하고, 때로는 하나님이 너무 좋아서 바보스러울 정도로 요란하게 그분을 자랑하기도 하는 것이 진정한 예배가 아닐까요!

우리의 감사와 찬양은 더 크고 풍성해져야 합니다. '예수님이 나의 전부'라는 고백이 세상을 향해 끝없이 퍼져나가야 해요.

예전에 제가 찬양 인도를 할 때, 강사로 오신 목사님이 "내일이 없는 것처럼 예배한다"라고 하시더라고요. 아마도 투박하고 열정이 앞서다 보니, 좀 살살하라는 뜻으로 돌려 말한 것 같아요. 그런데 저는 그 표현이 너무나 좋았어요. 그래서 지금도 함께 예배하는 사람들에게 말합니다.

"우리 오늘도 내일이 없는 것처럼 하나님을 찬양하자!"

이렇게 고백하며 드리는 찬양에는 놀라운 힘이 부어집니다. 찬양의 능력이라고 할 만큼 특별한 은혜가 예배자들에게 임하지요.

찬양의 능력: 회복

이 백성은 내가 나를 위하여 지었나니 **나를 찬송하게 하려 함이니라**

사 43:21

모든 창조물은 목적에 따라 지음을 받습니다. 우리도 하나님께서 분명한 목적으로 지으셨지요. 성경은 그 목적이 '하나님을 찬송함'에 있다고 말씀합니다.

우리는 하나님을 찬송하도록 지음 받았습니다. 그런데 아담을 통해 죄가 들어오면서 타락한 세상은 하나님의 창조 목적을 상실했지요. 하나님의 창조 목적을 모른 채, 내가 주인 되어 죄의 유혹을 따라 산 우리 삶에 얼마나 많은 어그러짐이 있었나요.

탕자가 회복하는 첫걸음은 아버지의 집으로 돌아가는 '돌아섬'에서 시작되었어요. 우리가 하나님을 찬양하기 시작한다는 건 그 이상의 의미예요. 우리를 창조하신 하나님의 목적대로 서기 시작하는 겁니다. 찬양을 통해 하나님께서 창세 전부터 우리를 택하셔서 기대하셨던 본연의 자리로 돌아가니, 무너졌던 영역에 회복이 일어나는 건 당연한 결과입니다.

찬양은 회복의 시작입니다. 목회자로서 은혜 충만한 성도를 만날 때도 있지만, 삶이 너무나 많이 무너진 이들을 만날 때도 있습니다. 그럴 때면 언제나 "예배의 자리를 놓치지 말라"라고 도전합니다. 무언가를 달라고 기도하기보다 이미 나를 구원해 주신 하나님의 놀라운 은혜를 찬양하라고 권면합니다. 찬양의 자리에서 회복이 시작되기 때문이지요.

제 할머니는 평생 복음을 모르고 살았어요. 할머니의 인생이 얼마나 서글펐는지 모릅니다. 시집을 와보니, 할아버지는 도박과 알코올 중독자였어요. 할머니는 자신이 돈을 모아놓으면 할아버지가 몰래 가지고 나가서 술과 도박으로 탕진했다는 이야기를 아무것도 모르는 어린 손주들에게 말해주었지요.

마을에서 유일하게 남아있는 초가집이 할머니의 집이었어요. 힘든 세월을 보낸 할머니는 할아버지가 세상을 떠나자 극심한 우울증을 앓기 시작했어요. 약을 먹어도 귀에서 계속 귀뚜라미 소리가 난다며 얼마나 괴로워했는지 모릅니다.

그러던 어느 날, 교회에 가면 우울증을 치료받을 수 있다는 이야기를 듣고, 교회에 출석하기 시작했습니다. 이후 우리 집에서 함께 살게 되었는데, 할머니는 시간만 나면 찬송가를 불렀어요.

"내가 찬송만 부르면 귀에서 나는 온갖 소리가 사라져."

할머니는 찬양의 힘을 누리고 있었지요.

하나님을 찬양하기 시작할 때, 우리는 창조된 본연의 목적대로 서면서 회복을 경험합니다. 어그러지고 무너진 삶의 자리에서도 찬양하면 회복할 수 있어요.

찬양의 능력: 구원을 지키는 문

다시는 강포한 일이 네 땅에 들리지 않을 것이요 황폐와 파멸이 네 국경 안에 다시 없을 것이며 네가 **네 성벽을 구원이라, 네 성문을 찬송이라 부를 것이라** 사 60:18

'구원'이 우리의 삶을 지키는 성벽이라면, '찬송'은 성문입니다. 성벽을 재건할 때, 가장 튼튼하게 지어야 하는 곳이 바로 성문과 성문 주변이지요.

우리가 예수 그리스도를 구주로 영접하고 거듭나지만, 다시 오실 주님을 만나기 전까지 이 땅에 살면서 죄와 죄의 권세와의 싸움을 피할 수 없습니다. 저는 성도에게 '영적 전쟁은 죽을 때까지 하는 것'이라고 자주 언급합니다. 실제로 그렇습니다. 사도 바울은 죽음을 앞둔 상황에서 '내가 선한 싸움을 다 싸우고 나의 달려갈 길을 마치고 믿음을 지켰다'라고 고백합니다(딤후 4:7).

한 번 이겼다고 교만하거나, 한 번 졌다고 좌절할 필요가 없습니다. 마라톤 같은 인생이니까요. 피할 수 없는 싸움의 현장이 오늘도 우리 삶에 펼쳐집니다. 그러니 내 삶에 건강한 성벽과 성문을 세우는 게 얼마나 중요한지요.

바벨론에 의해 멸망 당한 남 유다 백성이 70년 후에 돌아와 목숨 걸고 무엇을 했나요? 먼저는 성전을 재건하고, 그다음 성벽을 세우고, 성문을 든든히 했지요. 아주 상징적인 행보예요.

우리 삶도 마찬가지입니다. 구원받은 우리는 예배를 튼튼히 하고, 복음 위에 든든히 서서 삶에 구원의 성벽을 세워가야 합니다. 그렇게 세워진 성벽은 '찬양'이라는 성문으로 연결됩니다.

구원의 성벽에 연결된 찬양의 성문이면, 찬양이 무엇으로 채워져야 할까요? 하나님의 구원 역사로 채워져야겠지요. 그래서 성도와 교회는 하나님을 예배할 때 무엇보다 '예수 그리스도의 구원의 역사'를 노래해야 합니다.

그럴 때 성도뿐 아니라 교회의 성벽과 성문도 튼튼해집니다. 구원을 이루신 하나님의 놀라운 사랑을 찬양하는 것이 희미해지면 성문이 약해져서 쉽게 열리기 때문이지요.

혹시 지금 쉽게 무너지고 쓰러지는
자신을 발견했나요?
복음 위에 든든히 서서
전심으로 하나님을 찬양하며
성벽과 성문을 보수하길 바랍니다.
찬양을 회복하길 바랍니다.
그럴 때 아무나 출입할 수 없는
든든한 문이 내 삶에 세워질 거예요.

찬양의 능력: 하나님을 만나는 길

내 하나님이여 내 하나님이여 어찌 나를 버리셨나이까 어찌 나를 멀리 하여 돕지 아니하시오며 내 신음 소리를 듣지 아니하시나이까 시 22:1

이 시편의 고백을 보니, 다윗이 심각한 영적 침체를 경험하고 있습니다. '하나님께서 나를 버리신 게 아닌가' 싶을 정도로, 아무리 기도해도 그분의 도우심이 보이지 않고, 고통 중에 신음해도 하나님은 듣지 않으시는 것만 같은 깊은 영적 단절감을 경험하고 있어요.

내 하나님이여 내가 낮에도 부르짖고 밤에도 잠잠하지 아니하오나 응답하지 아니하시나이다 시 22:2

얼마나 간절한지, 낮에도 부르짖고 밤에도 부르짖으며 하나님을 찾았는데, 응답하지 않으신다고 고백해요.

우리에게도 이런 시기가 찾아옵니다. 아무리 부르짖어 기도해도 응답이 없고, 하나님이 나를 멀리하시는 것만 같고, '나를 버리셨나' 하는 생각이 드는 때요. 그래도 성경을 보니 나만 그런 게 아니라 하나님의 사람 다윗도 나와 같았다는 데서 위로가 됩니다.

이처럼 영적 침체를 만날 때, 어떻게 극복할 수 있을까요? 결국 다윗은 그렇게 찾아 헤매고, 간구하고, 부르짖어도 만날 수 없던 하나님을 만납니다. 어디서 만났는지를 3절이 말해줍니다.

이스라엘의 **찬송 중에** 계시는 주여 주는 거룩하시니이다 시 22:3

하나님은 "찬송 중에" 계셨어요. 이스라엘 백성의 찬양을 받으시고, 찬양 가운데 임재하셨던 거예요. 이를 통해 다윗은 하나님을 향한 찬양이 얼마나 중요한지를 알게 됩니다. 하나님께서 그분의 백성이 드리는 찬양 가운데 거하신다는 걸 알았어요. 찬양이 하나님을 만나는 좋은 통로가 된다는 원리를 발견한 거예요.

찬양의 중요성을 깨달은 다윗은 이스라엘의 왕으로 재위하는 동안, 찬양에 엄청난 열정을 쏟아붓습니다. 그는 기원전 1003년 경에 이스라엘의 왕으로 등극한 후, 당시 여부스 족속의 땅이던 예루살렘을 점령하고서, 그 도시를 이스라엘의 영적, 정치적 중심지인 수도로 삼으려 합니다. 그 과정의 하나로 언약궤를 예루살렘으로 옮겨와 새로운 수도의 중심에 두기를 원했지요.

당시 성막이 기브온에 있었고, 언약궤는 성막의 지성소에 있어야 했는데, 다윗은 언약궤를 기브온으로 가져가지 않고 이스라엘의 새로운 수도인 예루살렘으로 가져옵니다.

예루살렘 중심에 자리 잡고 있던 시온산 위에 간단하고도 소박한 구조로 장막을 마련하고, 그 중심에 언약궤를 안치하지요. 이후 솔로몬이 성전을 완공하기까지 약 40년간 시온성에 있던 다윗의 장막에서, 하나님의 언약궤와 함께 예배가 드려집니다.

그런데 다윗의 장막에서 예배하는 방식이 당시 종교적 관점에서 보면 파격적이었어요. 다윗은 막대한 인원과 정성을 들입니다. 역대상 23장부터 자세한 설명이 기록되어 있지요.

다윗은 레위인의 수를 조사한 후에, 그중 24,000명의 제사장과 함께 율법에서 말한 제사와 관련된 여러 가지 일을 감당합니다. 그리고 6,000명은 서기관과 재판관으로 임명하여 성전의 행정 업무와 법적 업무를 담당하게 합니다. 또 4,000명은 다윗의 장막 주변을 지키는 문지기로 세워 성막 출입을 통제하고 보호하게 합니다. 그리고 또 다른 4,000명을 전임으로 찬양하는 예배자로 세워 다윗의 장막에서 하나님을 찬양하며 경배하게 하지요.

특별히 아삽, 헤만, 여두둔을 중심으로 288명의 찬양 인도자를 배치하고, 이들을 24반차로 나누어서 24시간 동안 멈추지 않고 다윗의 장막에 찬양이 울려 퍼지도록 합니다. 반차는 12명으로 구성되었지요. 이 찬양 인도자들은 주야로 나누어 교대로 섬기면서 한시도 멈추지 않고 찬양합니다.

다윗의 장막 예배를 섬기는 인원만 약 38,000명이었어요. 투입된 인원의 규모도 놀랍지만, 더 놀라운 건 예배의 형식이었습니다.

다윗의 장막이 있던 시기는 예수님이 이 땅에 오시기 약 1,000년 전입니다. 아직 죄의 문제가 완전하게 해결되지 않은 시기였기에 하나님을 예배하기 위해서는 성막이나 성전의 복잡한 예배 구조와 순서가 필수적이었지요.

언약궤 앞에 설 수 있는 사람은 대제사장뿐이었고, 1년에 한 번 속죄일에 지성소에 들어가 언약궤 위 시은좌에 죄를 대신하는 제물의 피를 뿌리며 하나님의 임재를 경험할 수 있었던, 제한된 임재의 시대였습니다.

그런데 다윗이 이 모든 한계를 깨뜨리고 아주 파격적인 예배를 다윗의 장막에서 약 40년간 하나님께 드립니다. 가운데에 언약궤를 두고, 그것을 중심으로 찬양하는 사람들이 들어갈 수 있는 공간에 천막을 만들고는, 그 앞에서 하나님을 전심으로 찬양하며 예배합니다.

다윗의 장막에서는 제사장들만이 아니라 일반 백성도 하나님의 임재 앞으로 나아갈 수 있었어요. 또한 제물의 희생을 통해 드리던 제사 의식이 간소화되고, 찬양과 경배가 예배 중심에 자리를 잡았지요. 날마다 쉬지 않고 하나님을 찬양과 경배로 섬겨드리며 하나님이 머무시도록 했습니다.

이 과정에서 다윗은 하나님을 다양하게 찬양하기 위해 악기를 제작했고, 이때 음악으로 이루어진 찬양이 발전했어요. 다윗은 시편을 작사, 작곡하고 그 고백으로 백성들이 하나님을 찬양하게 했습니다. 쉬지 않고 찬양하던 레위인들의 영성은 놀랍도록 성장했지요.

또한 다윗의 장막에서 하나님이 예배자들에게 말씀하기 시작하면서, 찬양에 예언적 요소가 강하게 드러났습니다. 그만큼 하나님의 실제적인 임재와 그들과의 친밀한 교제가 이루어졌음을 알 수 있지요.

이 다윗의 장막 예배는 신약 시대를 살아가는 우리에게 모범이 되고 도전을 줄 만큼 파격적이었어요. 구약 시대의 모든 영적, 물리적 한계를 넘어서 신약 시대의 예배를 펼친 곳이었으니까요.

다윗의 장막의 중요한 특징 중 하나는, 하나님의 임재가 예배 중심에 있었다는 겁니다. 오늘날 우리의 예배가 그렇지요. 하나님의 임재가 예배의 중심에 있습니다. 예배는 단순한 의식이 아니라, 하나님을 만나는 교제의 시간이기에, 하나님의 임재가 예배의 중심에 있지요.

다윗의 장막은 24시간 지속되었습니다. 이는 오늘날 예수 그리스도를 믿음으로 구원받아 성령께서 거하시는 성전이 된 성도가 삶에서 누려야 할 예배의 본을 보여준 거예요. 참으로 놀랍지요. 구약 시대에 신약의 예배를 누린 것입니다.

다윗의 장막 예배에 사용된 다양한 음악과 예술성은 오늘날 우리가 하나님을 향한 감정과 영적 갈망을 표현하는 데 있어 중요한 도전이 됩니다. 예배의 창의성과 다양성을 격려하면서 음악과 예술을 하나님을 찬양하는 데 얼마나 탁월하게 사용할 수 있는지, 찬양이 얼마나 놀라운 힘과 능력을 담고 있는지를 우리에게 도전하는 거예요.

다윗의 장막 예배는 하나님과의 관계 회복을 가져왔어요. 영적으로 회복되니, 이스라엘 전체가 다시금 하나님의 축복을 누리게 되었지요. 다윗은 이스라엘 역사상 가장 빛나는 황금기를 경험합니다. 그는 무엇에 집중해야 하는지를 알았어요. 찬양의 힘을 신뢰하며 거기에 모든 것을 쏟아부었지요.

하나님의 임재가 있었기에 24시간 찬양과 경배를 올려드린 게 아니었어요. 24시간 하나님을 찬양하며 경배를 올려드리자, 하나님의 임재가 함께했습니다. 전심으로 예배한 다윗과 이스라엘 백성에게 하나님께서 풍성한 은혜를 쏟아부으셨지요. 하나님을 찬양하는 일에 전력을 다한 다윗을 보란 듯이 높이 세우시며 분명한 메시지를 주신 거지요.

저도 가능한 한 예배 가운데 찬양을 풍성하게 올려드리고 싶습니다. 찬양의 힘을 알기 때문이에요.

당신도 삶의 자리에 찬양이 울려 퍼지게 하세요. 입술에 찬양의 향기가 머물게 하세요. 그리고 누리세요. 하나님께서 주시는 찬양의 힘을!

(참고)

오늘날 다윗의 장막 예배를 그대로 재현해야 하는 건 아닙니다. 물론 그와 같이 예배하는 것도 중요하지만, 그 정신과 하나님을 예배하고자 하는 열정을 새기는 것이 먼저입니다. 실제로 다윗의 장막처럼 예배를 드리려면 막대한 인원과 정성이 필요해서 일반 교회와 성도가 물리적으로 재현하기엔 한계가 있지요.

혹 아모스서 9장 11,12절과 사도행전 15장 16,17절에서 무너진 다윗의 장막을 일으키시겠다는 말씀을 문자적으로 해석하여 다윗의 장막 예배를 그대로 회복해야 한다고 주장하기도 합니다. 하지만 이 말씀은 다윗의 자손이신 예수 그리스도를 통해 회복될 하나님의 교회를 바라보며 예언된 말씀입니다.

실제로 사도행전 15장에서 이방인들이 예수 믿고 구원받아 교회의 구성원이 되는 과정에서 일어난 혼란을 정리하고자 열린 예루살렘 종교회의 때 인용된 말씀이기에, 그 의미가 더욱 분명합니다. 예배의 회복을 위해 하신 말씀이 아니기에 이 구절들을 '다윗의 장막 예배를 회복해야 한다'라는 근거로 사용하는 건 무리가 있어요.

24시간 멈추지 않던 다윗의 장막 예배가 예수 그리스도를 믿음으로 '성령의 전'이 된 우리 삶에 그대로 펼쳐졌습니다. 다윗의 장막 예배가 주는 상징적인 도전과 적용점을 누리며, 최선을 다해 하나님을 예배해야 할 것입니다.

12 이렇게 찬양하라

찬양을 배우라

즐겁게 소리칠 줄 아는 백성은 복이 있나니 여호와여 그들이 주의
얼굴빛 안에서 다니리로다 시 89:15

"즐겁게 소리칠 줄 아는 백성은 복이 있나니"의 원문을 직역하
면, '주님을 환호하는 것을 배운 사람들은 복 있는 자들이다'입
니다. 주님을 환호하며 찬양하는 것도 배워야 한다고 말씀합니
다. 찬양은 배우고 훈련하는 것이 필요해요.
신앙도 훈련이 필요합니다. 훈련에는 분명한 목적이 있어요.
많은 사람이 영적 훈련을 통해 아주 높은 영적 수준에 이르게 될
거라고 착각합니다. 그래서 자칫 잘못하면 영적 훈련이 교만을

가져오는 안타까운 경우가 발생하지요.

하지만 영적 훈련의 목표는 분명합니다. 리처드 포스터가 쓴 《영적 훈련과 성장》(Celebration of Discipline)을 보면, 영적 훈련이 궁극적으로 자유로 이어져야 함을 강조합니다. 영적 훈련의 목표가 '자유'라는 거예요. 참 옳은 말입니다.

바울도 빌립보서에서 이렇게 말합니다.

> 내가 궁핍하므로 말하는 것이 아니니라 어떠한 형편에든지 나는 **자족하기를 배웠노니** 나는 비천에 처할 줄도 알고 풍부에 처할 줄도 알아 모든 일 곧 배부름과 배고픔과 풍부와 궁핍에도 처할 줄 아는 일체의 비결을 배웠노라 빌 4:11,12

풍부한 데서 자족하는 건 누구든 할 수 있습니다. 하지만 가난한 상황에도 자족하는 건 결코 쉬운 일이 아닙니다. 배부르고 풍부할 때 감사하는 건 쉽습니다. 그러나 배고프고 궁핍할 때 감사하기란 매우 어렵지요.

그런데 바울은 모든 상황에서 자족할 수 있다고 자신 있게 말해요. 그 비결이 '배움'에 있다고 하지요. 바울이 훈련을 통해서 어떤 상황에도 자족하는 수준에 이르게 된 거예요. 이것이 훈련의 결과입니다. 자유가 주어지는 거지요.

예배도 훈련이 필요해요. 이는 어떤 상황에도 하나님을 예배할 수 있는 자유를 누리기 위함입니다. 오늘날 우리의 예배는 너무나 수동적이에요. 은혜가 되지 않으면 열기가 금세 식어버리지요. 물론 여러 원인이 있겠으나, 무엇보다 훈련되지 않았기에 나타나는 부작용입니다.

온전한 예배자로 훈련된 사람은 어떤 스타일의 예배에서도 하나님을 전심으로 예배하는 자유를 누릴 수 있습니다. 설사 인도자와 설교자와 예배 동역자들의 부족함으로 어려움은 있을 수 있으나, 예배자들이 하나님을 전심으로 예배하고자 하는 열정으로 나아간다면, 예배는 또 다른 차원으로 들어갈 수 있지요.

대학생 때, 한 선교단체 예배 모임에 참석한 적이 있었어요. 그날 한 중년 여성이 찬양을 인도했습니다. 그녀는 자신이 음악도 잘 모르고, 찬양 인도하는 법도 잘 모르는데 예배를 인도하게 되었다고 고백했어요. 그러면서 할 수 있으면, 회중에서 누구든 자유롭게 찬양을 부르면 함께 부르고, 그다음 곡을 누군가 부르면 따라 부르는 식으로 찬양하자고 제안했지요.

그런 찬양 인도는 처음이었습니다. 인도자의 안내에 따라 찬양이 시작되었지요. 30년 가까이 지난 일이지만 여전히 기억나는 이유는, 그 예배가 인상 깊었고 은혜가 컸기 때문입니다. 모두가 하나님을 예배하고자 하는 열정으로 모이니, 찬양 인도자의 역할은 그렇게 중요하지 않더군요.

누가 좋은 설교자, 좋은 찬양 인도자일까요? 예배를 떠올렸을 때, 설교자나 찬양 인도자는 기억나지 않고 그곳에 함께하신 예수님만 기억에 남도록 인도하는 게 가장 훌륭한 사역자가 아닐까요. 이상적으로 들릴 수 있지만, 그래도 목표로 삼고 싶습니다.

지금부터 어떻게 찬양해야 하는지를 자세히 나눌 텐데, 다소 어색하고 쉽지 않은 적용점이 있을 수 있습니다. 하지만 성경이 도전하는 찬양의 모습입니다. 말씀에 익숙해져서 언제라도 자유롭게 예배하는 예배자로 서기를 바랍니다.

찬양의 기본: 기뻐하라

하나님을 찬양하는 기본 태도는 '기뻐하는 것'입니다.

주 안에서 항상 기뻐하라 내가 다시 말하노니 기뻐하라 빌 4:4

예수님 안에서 살아가는 삶의 기반은 기쁨입니다. 이것이 얼마나 중요한지, 바울이 거듭 강조하며 기뻐하라고 명령합니다. 게다가 "주 안에서 항상" 기뻐하라고 합니다. '어떻게 사람이 항상 기쁠 수 있어?' 싶지요? 가능합니다. 우리가 주님 안에 거하면 늘 기뻐하게 돼요.

우리는 기쁜 일이 있어야, 누군가가 나를 기쁘게 해줘야 기뻐하는 삶을 살아왔어요. 그래서 개그맨과 예능인이 있는 거예요. 그들에게 나를 즐겁게 만들 임무를 주는 거지요. 그러다 보니 하나님 앞에서도 자연스럽게 하나님께서 나를 기쁘게 해주실 때 기뻐하려는 태도를 취합니다.

하지만 성경은 기쁨이 그렇게 임하는 게 아니라고 말씀해요.

느헤미야가 또 그들에게 이르기를 너희는 가서 살진 것을 먹고 단것을 마시되 준비하지 못한 자에게는 나누어 주라 **이날은 우리 주의 성일이니 근심하지 말라 여호와로 인하여 기뻐하는 것이 너희의 힘이니라** 하고 느 8:10

위 말씀의 배경은 다음과 같습니다.

예루살렘 성벽 재건을 힘겹게 완수한 온 유다 백성이 하나님의 말씀을 듣고자 일제히 수문 앞 광장에 모입니다. 그러고는 학사 에스라에게 모세의 율법책을 읽어달라고 청합니다.

일곱째 달 초하루에 제사장 에스라가 회중 앞에서 율법책을 새벽부터 정오까지 읽습니다. 이스라엘 공동체가 율법을 들으며 하나님과의 언약을 확인하는 너무도 중요한 순간이었지요.

백성들은 율법을 들으면서 자신들이 하나님의 말씀을 얼마나 외면하며 죄 가운데 거했는지를 깨닫고는 눈물을 흘리며 고민하기 시작합니다. 그때 느헤미야가 백성들에게 한 말이 바로 위 말씀입니다. 뭐라고 하나요?

"이날은 우리 주의 성일이니 근심하지 말라."

이미 회개와 반성의 시간을 가졌으니 더 이상 슬퍼하지 말고 기뻐하라는 겁니다. 그러면서 뭐라고 덧붙이나요?

"여호와로 인하여 기뻐하는 것이 너희의 힘이니라."

기뻐할 일이 없어도 여호와로 인해 기뻐하는 게 힘이 된다는 거예요. 이는 단순히 감정의 영역에 머무는 기쁨이 아니라 하나님과의 관계에서 오는 깊은 영적 기쁨입니다. 하나님을 기뻐하는 것 자체가 우리의 힘이 되는 거지요.

흔히 하나님께서 힘을 주시면 기뻐할 수 있다고 생각하는데, 순서가 바뀌었습니다. 우리의 힘은 하나님을 기뻐하는 데 있어요. 하나님을 전심으로 기뻐하기 시작할 때, 하나님께서 우리에게 힘을 주십니다.

찬양의 기반은 기쁨입니다. 잘 보면, 이런 기쁨은 예배 전에 준비할 수도 있지만, 전심으로 하나님을 찬양하는 가운데 강력하게 임하는 경우가 많습니다.

하나님 앞에서 기쁨을 놓치지 마세요.
그분을 기뻐하는 것이 얼마나 큰 힘이 되는지
예배 가운데 경험하고 누리길 바랍니다.

찬양의 방법

찬양은 하나님을 자랑하고 칭찬해 드리는 것입니다. 성경은 찬양의 다양한 방법을 가르쳐줍니다.

1) 음성으로

• **고백과 선포**(시 40:3, 63:5, 89:1, 롬 15:6)

하나님의 행하심을 입술로 고백하고 선포하며 그분을 찬양할 수 있습니다. 찬양을 하면서도 하나님의 선하심을 고백할 수 있고, 설교를 들으면서도 마음속으로 동의하고 고백함으로 하나님을 찬양할 수 있어요.

설교에 동의가 될 때 외치는 "아멘"도 찬양의 한 방법입니다. 하나님의 말씀에 동의하고 그 말씀이 옳음을 고백하며 하나님을 높여드리는 거니까요.

이런 고백과 선포는 삶의 자리에서도 풍성히 일어날 수 있어요. 하나님을 향한 찬양이 삶 전체에 흐르는 강물이 되길 바랍니다.

• **노래로**(시 7:17, 30:12, 57:7, 히 2:12)

이르시되 내가 주의 이름을 내 형제들에게 선포하고 내가 주를 교회 중에서 **찬송하리라** 하셨으며 히 2:12

"찬송하리라"로 번역된 헬라어 '힘네오'(ὑμνέω)는 '찬양하다, 찬송하다'라는 의미로 특별히 노래로 찬양한다는 의미입니다. 이 단어의 명사형은 '힘노스'(ὕμνος)인데, '찬송'(hymn)의 어원이기도 하지요.

성경에도 그렇고, 우리의 신앙생활에서도 찬양은 '노래'로 가장 많이 표현됩니다. 왜 노래로 찬양할까요? 그 이유는 음악의 아름다움에 있습니다. 음악은 사람의 감정을 고양하고, 마음에 평안을 줍니다. 또한 노래 자체에 힘이 있기에 복음을 전하는 강력한 도구로 사용되지요.

군대마다 군가가 있는 이유도 같습니다. 군가는 그 내용이 매우 단순하고 곡조도 유행과 멀지만, 군가를 부르며 발맞추어 걷노라면 마음이 웅장해집니다.

음악은 그림이나 문학과 다르게 뇌의 감정을 주관하는 영역에 직접적인 영향을 미친다고 합니다. 좋아하는 음악을 들을 때, 음식이나 술 등으로 쾌감 중추를 자극했을 때와 같은 반응이 일어난다고 해요. 뇌과학계에서는 음악이 뇌 호르몬 분비에 직접적인 영향을 미친다고 밝혔고, 그래서 음악을 '부작용 없는 약물'이라고 부르기도 합니다.

이스라엘 백성은 하나님의 행하심을 노래에 담아 불렀습니다. 그러다 보니 노래가 구전되어 시대를 타고 흘러갔지요. 책이 흔하지 않던 시대에 노래는 아주 좋은 기록과 전파의 도구였습니다. 기독교 역사 속에서도 중요한 신학적 내용을 노래에 담아 성도가 쉽게 기억하고 전파하도록 보급하기도 했어요.

노래로 하나님을 찬양하세요! 일반 음악을 '부작용 없는 약물'이라고 할 정도인데, 하물며 하나님을 노래로 찬양하면 어떻겠어요. 최고급 영양제를 먹는 것 이상의 효과를 누릴 것입니다.

• **큰 소리로**(시 5:11, 32:11, 35:27, 사 12:6)

그러나 주께 피하는 모든 사람은 다 기뻐하며 주의 보호로 말미암아 영원히 기뻐 외치고 주의 이름을 사랑하는 자들은 주를 즐거워하리이다 시 5:11

이스라엘은 하나님을 향해 외치며 찬양했습니다. 찬양의 자리에서 하나님께 함성을 질렀어요. 유명한 가수의 콘서트에 가보면 어떤가요? 가수가 등장하면 손뼉을 치고 함성을 지르잖아요. 하나님 앞에서도 마찬가지입니다. 큰 소리로 찬양하는 거예요.

이스라엘 백성에게 외침은 승리의 의미도 포함되어 있었습니다. 승리를 경험할 때뿐만 아니라, 승리할 것을 믿음으로 선포하며 외치는 함성도 있었지요. 우리의 예배에 이런 큰 소리가 울려 퍼져야 하지 않을까요!

- **방언으로**(행 2:4,11, 고전 14:2,14,15, 엡 5:18,19)

내가 만일 방언으로 기도하면 나의 영이 기도하거니와 나의 **마음은 열매를 맺지 못하리라** 그러면 어떻게 할까 내가 영으로 기도하고 또 마음으로 기도하며 내가 영으로 찬송하고 또 마음으로 찬송하리라 고전 14:14,15

방언으로도 찬송할 수 있습니다. 성령의 인도하심을 따라 방언으로 하나님을 찬양할 수 있지요. 특히 방언 기도와 찬양은 영의 고백이어서 자신은 알아들을 수 없습니다. 그래서 "마음은 열매를 맺지 못하리라"라고 말씀하지요. 영적으로는 유익함이 있지만, 마음에는 깨닫지 못하는 답답함이 있습니다.

그래서 바울은 성령 안에서 15절을 통해 도전합니다. 알아들을 수 있는 말로 기도하고 찬양하는 것과 알아들을 수 없는 방언으로 기도하고 찬양하는 것을 균형 있게 하라고요.

저도 내면 상태가 혼란스러워서 기도가 안 나올 때면 먼저 방언으로 기도해요. 의미를 알 수는 없어도, 영의 간구로 기도하는 것이기에 방언으로 기도하다 보면 번잡한 내면이 정리되는 걸 경험하지요. 그 후에 일반적인 언어로 기도합니다.

하나님을 전심으로 찬양하다 보면, 하나님을 더 높여드리고 싶을 때가 있어요. 말로 다 표현할 수 없는 하나님을 향한 찬양이 터져 나올 때가 있습니다. 그럴 때 저는 방언으로 찬양합니다. 알아들을 수 없지만, 영으로 고백함으로써 하나님을 영화롭게 섬겨드리고 싶어서요. 물론 공 예배에서는 덕을 세우며 품위 있게 질서를 따라 방언을 사용하는 게 필요합니다(고전 14:40).

당시 고린도 교회는 공 예배에서 방언을 무분별하게 사용하는 이들로 인해 혼란이 야기되었습니다. 교회에 처음 방문하는 사람들이 알아들을 수 없는 말로 말하고 찬양하는 성도의 모습을 보면서 오해하고 시험 드는 일이 발생했지요.

이에 바울은 공 예배에서는 방언 일만 마디를 하는 것보다 모두가 알아듣는 말 다섯 마디를 하는 게 더 낫다고 말합니다(고전 14:19). 불신자들을 위해 방언 기도와 찬양의 절제가 필요함을 강조했지요(고전 14:23).

그렇게 본다면, 방언으로 찬양하고 기도하는 건 일반적으로 새벽예배 후 각자 예배당에 남아서 기도하는 시간이나 개인의 예배 혹은 기도 시간에 적용하는 게 좋아요. 물론 원칙은 아닙니다. 바울도 이에 대해 조심스럽게 접근했지요. 때로는 교회적으로 말씀의 주제에 따라 혹은 성령의 감동 안에서 특별한 시간에 다 함께 방언으로 기도하고 찬양할 수 있습니다.

성령께서 말하게 하심을 따라 방언으로 찬양하는 건 은사를 가진 사람이 누리는 소중한 영적 특권입니다. 하나님을 방언으로 찬양하며 영으로 높여드리는 은혜를 누리길 바랍니다.

2) 손으로

• 손을 들고(시 28:2, 63:4, 134:2, 느 8:6, 애 3:41)

하나님을 찬양할 때 손을 드는 건 단순한 동작이 아닙니다. 이는 하나님을 경외함, 기도와 간구, 복종과 순종, 기쁨과 감사, 영적 승리의 선포 등의 의미를 찬양으로 표현하는 방법 중 하나지요. 우리가 손들고 찬양할 때, 하나님께서 영광 받으십니다.

• 손뼉 치며(시 47:1, 98:8, 사 55:12)

이스라엘 민족에게 손뼉을 치며 찬양하는 건 박자를 맞추기 위함이 아니라, 하나님께 즐거운 소리를 들려드리기 위함이었습니다. 우리가 손뼉 치며 찬양하는 것 자체가 하나님께 영광을 돌려드리는 한 방법이지요.

예전에 한 찬양집회에 참석했습니다. 그런데 저녁 집회 때, 찬양을 충만하게 드린 후 곡이 끝났는데, 회중석에서 누군가가 박수를 치기 시작했습니다. 한 사람, 두 사람, 점점 많은 사람이 동참하더니 곧 박수 소리가 예배 장소 전체를 뒤덮었지요. 온 회중이 찬양받기 합당하신 하나님께 박수로 영광을 돌려드렸어요.

그런데 박수 소리가 멈추지를 않는 겁니다. 10분이 넘도록 이어지는데 얼마나 감격스럽던지요. 박수 자체가 하나의 찬양으로 울려 퍼졌어요. 손뼉을 치는 것이 하나님을 찬양하는 방법이라는 사실을 경험하는 놀라운 시간이었습니다.

사람도 사람에게 박수로 존경을 표하잖아요. 우리를 구원하사 자녀 삼으신 사랑의 하나님께 우리도 손뼉 치며 전심으로 찬양하는 것이 옳습니다.

• **악기로**(시 33:3, 150:3-5, 대상 25:1, 계 14:2)

앞서 다윗의 장막을 설명하면서 나누었지만, 다윗은 하나님을 찬양하기 위해 다양한 악기를 연주할 뿐 아니라, 부족하면 악기를 새롭게 제작했습니다. 다윗의 장막의 찬송에 익숙한 레위인 4,000명과 찬양 인도자 288명 중에는 악기를 공교히 연주하며 찬양하는 연주자들이 있었습니다.

기독교 역사를 예배적 관점으로 보면, 하나님은 언제나 그 시대의 문화와 예술을 통해 찬양받으셨어요. 당시의 대중음악과 악기들이 사용되곤 했습니다. 그러다 보니 당연히 기존 교회에서는 새로운 시도로 인식했고, 교회의 문화적, 음악적 편견에 부딪히곤 했지요. 실례를 들어보겠습니다.

교회는 367년에 라오디게아 공의회를 통해 예배 중 악기 사용과 회중 합창을 금했습니다. 남자로 구성된 성가대만 찬양할 수 있었고, 언어도 라틴어 찬송만 가능했지요.

또한 11세기 전까지는 찬양을 부를 때 화음 넣는 걸 금했습니다. 음악이 복잡해지면 예배의 초점이 하나님이 아닌 음악적 기술이나 화려함으로 옮겨질까 봐 우려한 거였지요.

심지어 중세 교회는 4중창으로 찬양하는 것을 악마적이라고 여겼어요. 종교개혁 당시에는 예배 때 오르간과 같은 악기를 사용하는 것에 부정적 시각이 있었지요. 악기가 인간의 감정을 지나치게 자극하여 예배의 순수성을 해칠 수 있다고 본 거예요.

참고로 파이프 오르간의 초기 형태인 '수력 오르간'(Hydraulis)은 초대 교인들이 순교 당하던 로마의 콜로세움 원형 경기장에서 배경음악을 연주하는 데 사용되었습니다. 그래서 초대 교인들에게 오르간 소리는 끔찍한 죽음의 공포감을 가져다주었지요.

회중 찬양은 마틴 루터를 중심으로 종교개혁가들을 통해서 시작되었습니다. 그전까지 회중은 노래할 수 없었어요.

미국의 대각성운동 때 D. L. 무디와 함께 사역한 아이라 생키가 오르간으로 찬양 인도를 했는데, 그가 연주하던 오르간의 파이프가 악마 들린 악기로 묘사되며 기존 교회의 비난을 받은 일도 있었지요.

18세기에 바이올린은 무도회나 술집, 그리고 사교모임에서 허용되는 악기로 인식되었습니다. 당시 일어난 경건주의 운동의 중심에 있었던 모라비안 교도는 바이올린이 인간의 감정을 강하게 자극할 수 있고 세속적인 즐거움을 가져다준다면서, '악마의 피들(fiddle, 활로 켜는 현악기)'이라고 표현하며 그 위험성을 강조했습니다.

19세기만 해도 피아노는 '세속 악기'로 간주되어 교회에서 예배음악에 사용되지 못했어요.

미국에서는 1800년대에 들어서면서 흑인들이 민요에 신앙의 열망을 담아 부르기 시작한 것이 가스펠 음악의 시초가 됩니다. 당시 가스펠 찬양은 세속적으로 여겨져 교회 찬송가에 수록되지 못했습니다.

오늘날 우리가 부르는 찬양으로 분류되는 CCM(Contemporary Christian Music)은 1960년대에 일어난 히피 운동에 한계와 환멸을 느낀 이들이 예수께로 돌아오면서 시작된 '예수 운동'(Jesus Movement)에서 태동했습니다. 그리스도께로 회심한 히피들이 자신들의 문화와 예술을 신앙에 접목하면서 하나님을 찬양하는 노래를 만들어 불렀지요. 예배 때 기타, 드럼, 일렉트릭 기타와 베이스 등 당시 대중음악에 사용하던 악기로 복음을 담은 노래를 연주하기 시작했습니다.

그때 반항의 상징이었던 록 음악이 예배음악으로 쓰이기 시작해요. 당연히 초기에는 전통 교회들이 히피의 예배음악을 세속적이라며 거부했지만, 지금은 대부분 교회가 CCM을 부릅니다.

기독교 역사를 보면, 새로운 스타일의 예배음악은 전통 세력과 충돌이 늘 있었습니다. 특이하게도, 하나님께서 주도하시는 영적 변화가 일어날 때마다 예배음악에도 새로운 도전과 발전이 있었지요. 저도 목회하면서, 교회에서 '세속적'이라 여겨지는 악기가 아닌 오르간이나 피아노나 바이올린과 같은 '경건'하다고 여겨지는 악기를 사용할 필요가 있다는 얘기를 참 많이 들었습니다. 하지만 앞서 살펴보았듯이, 오르간이나 피아노나 바이올린도 과거에는 세속적이라는 이유로 교회에서 사용이 금지된 악기였어요.

이런 갈등을 해소하는 데는 지혜가 필요합니다. 예배인도자와 예배팀은 성도가 하나님을 온전히 예배할 수 있도록 돕는 역할이에요. 그래서 교회는 예배하는 회중이 평상시에 어떤 음악을 좋아하고 자주 듣는지를 파악해야 하지요.

만약 회중 대부분이 클래식을 듣고 좋아한다면, 풀 밴드로 구성된 모던 워십으로 예배하는 건 지혜로운 판단이 아닙니다. 반대로 대부분이 대중가요를 좋아한다면, 모던 워십으로 예배하는 게 좋겠지요. 심지어 대부분이 연세가 많아서 트로트를 좋아한다면, 밴드로 찬양하기보다 반주기를 틀고 함께 찬양하는 게 좋을 수도 있습니다.

앞으로도 우리는 새로운 형태의 예배음악을 계속 접하게 될 거예요. 하나님은 언제나 동일하시지만, 하나님을 섬기는 문화나 삶의 방식은 변합니다. 예배적 관점으로 기독교 역사를 보면, 하나님은 예배자의 삶에서 가장 익숙한 방식으로 예배받길 원하시는 것 같습니다.

중요한 건 '예배의 중심'이에요. 예배의 형태나 음악의 장르는 얼마든지 바뀔 수 있어요. 게다가 우리는 예배를 훈련하는 사람들입니다. 훈련의 목표가 '자유'예요. 엄숙한 전통 예배에서도, 모던 워십에서도, 반주기로 찬양하는 트로트 찬양에도 "할렐루야"를 외칠 수 있는 예배자로 서길 바랍니다.

3) 몸으로

- **서서**(시 134:1, 135:1,2)

서서 찬양하는 것은 경외와 존경의 의미입니다. 이스라엘 백성은 하나님의 임재 앞에서 때로는 서서 예배했습니다(출 33:10). 특별히 '하나님을 기다린다'라는 의미로 서서 찬양했지요. 먼저 하나님을 맞이하고자 한 믿음의 표현이었습니다.

서서 하나님을 찬양하는 건 예배자의 기본자세예요. 찬양의 태도 중에서 성경에 유일하게 없는 자세가 '앉아서'입니다. 예배는 하나님을 섬겨드리는 시간이니까요. 서서 하나님을 찬양하는 기쁨을 누리길 바랍니다.

- **춤추며**(시 149:3, 150:4, 렘 31:12,13, 출 15:20,21, 삼하 6:14-16, 행 3:8), **굽혀서**(출 34:8, 대하 20:18, 시 95:6, 마 2:11), **무릎 꿇고**(대하 6:13, 스 9:5, 시 95:6), **얼굴을 땅에 대고 엎드려서**(계 19:4)

하나님의 강력한 임재 앞에서는 이처럼 찬양합니다. 춤추며 찬양하는 모습은 하나님을 향한 찬양의 클라이맥스에서 나타납니다. 예를 들면, 출애굽 한 이스라엘 백성이 그들을 기적 속에서 홍해를 건너게 하시고, 애굽의 마병 부대를 바닷물로 덮으신 하나님의 위대하심을 보자, 자연스럽게 하나님 앞에서 춤추며 찬양했지요.

다윗 왕도 새로운 수도 예루살렘 도성에 언약궤가 들어오자 춤추며 찬양합니다. 그는 백성 앞에서 창피한 줄도 모르고 옷이 벗겨질 정도로 격렬하게 춤추며 하나님을 찬양했지요.

다윗은 여기서 멈추지 않습니다. 시편 68편에서, 전쟁을 앞둔 가장 중요한 시점에 백성에게 무엇을 명령하나요?

의인은 기뻐하여 하나님 앞에서 **뛰놀며** 기뻐하고 즐거워할지어다 하나님께 노래하며 그의 이름을 찬양하라 하늘을 타고 광야에 행하시던 이를 위하여 대로를 수축하라 그의 이름은 여호와이시니 그의 앞에서 뛰놀지어다 시 68:3,4

춤추는 정도가 아니라 하나님 앞에서 뛰놀라고 합니다. "뛰놀며"를 원문으로 보면, '승리의 개가를 부르고 기뻐하며'라는 의미입니다. 아직 전쟁을 치르기 전이지만, 미리 승리를 선포하며 기뻐 뛰놀라는 거지요. 누구 앞에서요? 하나님 앞에서!

이런 찬양을 드리려면 무엇이 필요할까요? '믿음'입니다. 믿음이 없이는 하나님을 기쁘시게 해드릴 수 없습니다(히 11:6). 하나님을 향한 분명한 믿음은 예배 안에서도 드러나지요.

춤은 찬양의 또 다른 표현입니다. 날 구원하신 하나님의 은혜와 사랑이 내 안에 가득 찰 때가 있습니다. 내 삶에 주님이 행하신 큰일을 경험하며 주님을 향한 기쁨과 함성이 흘러나올 때 말입니다. 그때 춤추며 찬양하는 거예요. 이런 이유뿐 아니라 삶에 닥쳐온 환난 앞에서도 하나님의 승리를 선포하며, 춤추고 뛰놀며 하나님을 찬양해야 합니다.

하나님이 너무 좋아서 다윗처럼 춤추며 찬양하는 감격이 우리 삶에 종종 일어나야 하지 않을까요! 날마다 하나님을 춤추며 찬양할 수 있다면 참 좋겠습니다.

지금까지 하나님을 찬양하는 방법을 살펴보았습니다. 대부분 다윗의 장막 예배에 적용된 찬양법입니다. 다윗의 장막에서의 찬양은 아주 역동적이었어요. 진리 안에서 감정을 자유롭게 표현했으며, 당시의 문화와 예술을 담아 드려졌습니다. 이는 신약 시대에 펼쳐질 예배의 그림자였지요.

그런데도 기독교 역사 속 교회의 예배는 다윗의 장막 예배보다 모세의 성막 예배 형태에 더 가깝게 유지되었습니다. 그러던 중 변화가 일어나기 시작했지요.

즐겁게 예배하는 세대의 회복

주의 권능의 날에 주의 백성이 거룩한 옷을 입고 즐거이 헌신하니
새벽이슬 같은 주의 청년들이 주께 나오는도다 시 110:3

"주의 권능의 날"은 종말론적 의미를 담고 있습니다. 이는 최후에 심판주로 다시 오시는 예수 그리스도의 영원한 통치가 이루어지는 날을 의미하지요. 즉, 예수 재림이 가까운 종말의 날에 일어날 일을 예언한 말씀인 거예요.

그날에 어떤 일이 있다고 말씀하나요? "주의 백성이 거룩한 옷을 입고 즐거이 헌신"할 거라고 합니다. 이렇게 헌신할 사람들을 "새벽이슬 같은 주의 청년들"이라고 덧붙여 말씀하세요.

다시 말해, 종말의 때가 다가오면 하나님께서 새벽이슬 같은 주의 청년들을 일으키실 거예요. 이들의 특징은 두 가지로 설명할 수 있습니다.

첫째, 거룩한 옷을 입습니다.

사람이 거룩한 게 아니라, 거룩한 옷을 입는다고 말합니다. 거룩한 옷은 복음을 믿은 우리를 의롭다 하시는 '하나님의 칭의'를 상징합니다. 이는 마지막 때에 하나님께서 일으키시는 세대가 '복음으로 무장한 세대'임을 말씀합니다. 죄인 중의 괴수와 같은

우리를 의롭다 하시며 거룩한 옷을 입혀주시는 하나님의 은혜를 누리는 세대가 일어나는 거지요.

둘째, 즐거운 헌신을 하나님께 드립니다.

종말의 때, 하나님께서 일으키시는 세대는 즐겁게 헌신합니다. 마지못해 드리는 헌신이 아니라 자원하여 드리는 헌신이 새벽이슬 같은 주의 청년들에게서 일어날 것입니다. 이들의 분명한 특징은 즐거운 예배를 드린다는 점입니다.

이때 영적 시선으로 시대를 바라봐야 합니다. 기독교 2,000년 예배 역사 가운데 '즐거움'은 늘 눌려왔습니다. 감정적인 것을 심히 경계해 왔지요. 예배 안에 감정적 반응이 드러날 때, 예배의 본질을 흐릴 수 있다는 우려로 감정 표현을 제지하곤 했어요. 물론 이런 예배를 통해서도 하나님이 역사하셨습니다. 다만 찬양의 측면에서 기독교 예배를 보면, 마치 과거 모세의 성막 시대로 회귀한 듯한 현상이 있었던 게 사실이에요.

그런데 1970년대와 1980년대에 '경배와 찬양' 운동이 전 세계적으로 일어나면서, 교회의 예배 안에 참으로 기뻐하고 즐거워하는 예배, 다윗의 장막에서 드리던 찬양의 감격과 하나님의 임재의 은혜가 넘치는 예배가 회복되었습니다. 성경이 말씀하는 찬양의 다양한 표현이 회복되었지요. 예배 안에 참된 즐거움과 기쁨이 마음껏 표현되는 '예배 회복 운동'이 일어난 거예요.

전 세계 젊은이들의 영적 각성 운동을 보면, 언제나 이런 열정적인 예배가 따릅니다. 이런 일들을 시편 110편 3절과 연결해서 본다면, 오늘날 이 역동적인 예배의 흐름이 단순히 문화적 변화 속에서 일어나는 유행이 아니라, 주님 오실 날을 예비하는 새벽이슬 같은 주의 세대를 일으키시고자 하는 하나님의 섭리와 그분의 주도적인 일하심으로 볼 수 있습니다.

그 어느 때보다 즐겁게 예배하며 헌신하는 세대가 일어나고 있습니다. 제게도 즐겁고 재미있는 것이 얼마나 중요한 가치인지 모릅니다. 사역도 즐거워야 하고, 헌신도 행복한 일이 되어야 한다고 생각합니다. 그리고 시편 말씀의 의미를 깨달으면서, 저도 주님이 세우시는 새벽이슬 같은 주의 청년이 될 수 있겠다는 소망이 생겼지요.

이런 세상을 바라보면서 가슴이 뛰는 이유는, 주의 권능의 날을 고대하는 시선이 더욱 확고해지기 때문입니다. 주님이 다시 오실 날이 얼마 남지 않은 종말의 시기를 살아가고 있다는 사실을 체감하게 되지요.

기억하세요. '거룩한 옷을 입고 즐거이 헌신하는 새벽이슬 같은 주의 청년들'은 복음으로 무장하고 즐거운 예배를 드리는, 하나님의 거룩한 세대입니다.

종교적 의무감으로 드리는 예배의 관성을 깨뜨리고, 예배를 통해 하나님과 생명의 관계를 누리며, 하나님을 찬양하는 것이 즐겁고 좋아서 전심으로 예배하는 세대! 그런 세대가 무수히 일어나는 지금, 교회는 더욱 선명한 복음의 진리를 선포해야 합니다.

예배는 더 뜨겁게 드려져야 하며, 성도의 찬양은 땅이 진동할 만큼 우렁차야 합니다. 찬양이 회복되며, 하나님을 영화롭게 하는 예배의 길 위에 서길 바랍니다.

오라 우리가 여호와께 노래하며 우리의 구원의 반석을 향하여 즐거이 외치자 우리가 감사함으로 그 앞에 나아가며 시를 지어 즐거이 그를 노래하자 시 95:1,2

13 고난의 자리를 찬양의 자리로

옥중 찬양

사도행전 16장을 보면, 바울은 2차 전도 여행 중 마게도냐로 이끄시는 성령 하나님의 강권적인 인도하심을 경험합니다. 원래 바울은 부르기아와 갈라디아 땅을 지나 펼쳐지는 아시아 지역 (지금의 튀르키예 서부)에 복음을 전하려 했습니다. 그러나 성령께서 허락하지 않으셨지요(행 16:6,7).

그러자 바울은 당시 아시아 지역의 북동부 끝자락에 있는 드로아로 향합니다. 그곳에 이르자, 하나님께서 바울에게 환상을 보여주십니다. 마게도냐 사람 하나가 도와달라고 하는 환상이었지요. 결국 바울 일행은 하나님의 뜻을 깨달아 기존에 계획한 여정을 포기하고 마게도냐로 향합니다.

그가 마게도냐에 이르러 처음 간 도시가 빌립보였습니다. 바울 일행은 얼마나 기대가 컸을까요? 성령께서 길을 막으시면서까지 이끄신 지역이었으니까요.

'과연 얼마나 놀라운 열매를 맺게 하시려고 우리를 여기로 부르셨을까?'

빌립보에서의 사역은 시작부터 달랐습니다. 자색 옷감 장수 루디아와 그녀의 가정이 다 예수를 믿고 회심하는 일이 일어납니다.

그리고 바울 일행이 기도하는 곳으로 가는데, 한 귀신 들린 여종이 바울을 따라다니며 괴롭힙니다. 이 여인은 귀신의 힘을 빌려 점치는 능력이 있었지요. 그래서 찾아오는 사람들이 많았던 것 같습니다. 그러다 보니 여종의 주인들은 그녀가 귀신 들려 점을 쳐서 버는 수입으로 물질적 이득을 보고 있었던 거예요.

그렇게 본다면, 주인들에게 이 여종은 계속 귀신 들려 있어야 했지요. 하지만 바울이 예수님의 이름으로 그 귀신을 쫓아내자 주인들이 소동합니다. 여종이 더 이상 점칠 수 없게 되어 돈벌이가 끊어졌으니까요.

그들은 바울과 실라를 끌어다가 장터 재판장에 세우고는 사람들을 선동하여 바울을 고발합니다. 이때 바울은 로마 시민권자였어요. 당시 로마 시민에게 정식 재판 절차를 거치지 않고는 절대 매질을 가할 수 없었습니다. 그런데도 빌립보 재판장은 사람들의 선동에 휩쓸려 재판 없이 바울과 실라의 옷을 벗기고는 매질을 가합니다.

만약 바울이 자신이 로마 시민임을 말했으면 중간에 매질이 멈췄을 거예요. 그런데 그는 아무 말도 하지 않고 수모를 당합니다. 생전 처음으로 로마 방식으로 매를 맞았지요.

로마법으로 맞는 매는 아주 가혹했습니다. 본래 유대 사회에서는 사람을 매질할 때, 40에서 1대 감한 39대 이상은 때리지 않았습니다. 그런데 로마 방식의 매는 제한이 없었지요. 또 로마의 매질은 채찍질이었고, 채찍 끝에 날카로운 금속조각이나 짐승의 뼈를 붙여서 살이 찢기는 고통을 가하는, 고문에 가까운 참혹한 형벌이었어요.

바울은 로마 방식의 매를 맞고는 실라와 감옥에 갇힙니다. 생각해 보세요. 애초에 바울은 마게도냐로 가려는 계획도, 그림도 없었어요. 그런 그를 성령께서 이끄신 곳이 마게도냐 빌립보였습니다. 그런데 순종하여 간 곳에서 바울을 기다린 건, 한 번도 맞아본 적 없는 로마식 매질과 투옥이었어요.

당신이 바울이면 어땠을 것 같나요? 글을 쓰는 제 마음도 답답한데, 바울의 인간적인 심정은 어땠을까요?

그런데⋯ 매를 맞고 옥에 갇힌 날 밤 바울이 무얼 했나요?

한밤중에 바울과 실라가 **기도하고** 하나님을 **찬송하매** 죄수들이 듣더라 행 16:25

무엇을 상상하든 그 이상을 보여주는 바울입니다. 그는 온몸이 찢기는 고통을 당하고 옥에 갇혔음에도 밤에 실라를 부릅니다. 그러고는 얼마나 힘들었는지, 먼저 기도합니다. 기도로 마음을 붙잡은 거예요.

예배는 반드시 기도로 준비해야 합니다. 어떤 기도를 해야 할까요? 우리의 마음을 믿음의 시선으로 붙잡고, 하나님을 찬양하기에 합당한 영적 상태를 만들기 위해 기도하는 거예요.

그렇게 기도하던 바울과 실라의 입에서 찬송이 터져 나옵니다. 원문 성경의 표현은, '노래로 하나님을 찬양했다'입니다. 말이 안 나오는 광경이지요.

하나님께서 강권적으로 이끄서서 순종했는데, 매를 맞고 옥에 갇혀요. 재판도 하지 않고 시작된 옥살이기에 언제 풀려날지 모르는 앞이 캄캄한 상황입니다. 바울이 한 행동이라고는 순종밖에 없는데, 찾아온 것은 너무도 큰 시련이었어요.

그런데도 바울과 실라는 칠흑 같은 어둠 속에서 감옥 전체가 쩌렁쩌렁 울리도록 하나님을 찬송합니다. 바울에게 예수님이 어떤 존재였는지를 이 사건이 말해주지요.

바울에게는 하나님께서 그의 삶에 더 이상 어떤 것도 행하지 않으셔도, 평생 찬양할 충분한 이유가 있었던 거예요. 예수 그리스도를 통한 십자가 사랑과 구원의 은혜가 그 이유였지요. 아무리 억울하고, 아무리 기대와 다른 상황이 펼쳐지며 고난이 닥쳐

온다 해도, 하나님은 여전히 찬양받기 합당하셨던 거예요.

찬양, 반전의 고백

성경을 보니 바울만 그런 게 아니었어요. 그와 아주 비슷한 믿음의 걸음을 걸었던 사람이 바로 다윗입니다. 둘은 신앙의 결이 매우 닮았어요.

다윗은 하나님과 나라를 위해 목숨을 걸고 전장을 누비며 살던 이스라엘 장수였어요. 사울 왕의 충성된 부하인 그가 가는 곳마다 승리하며 백성의 인정을 받으니 시기하는 이들이 생겨났지요. 그들의 부추김으로 시기심과 불안감이 극에 달한 사울 왕이 결국 다윗을 죽이려 창을 던집니다.

이때 다윗은 하나님께서 기름부으신 자를 치는 걸 하나님께서 금하신다는 사실을 기억했고, 하나님의 섭리를 신뢰하며 도망자의 길을 택합니다.

당시 다윗의 군사적, 정치적 입지로는 미치광이가 되어 가던 왕 사울을 폐위시키고 왕위에 오를 수 있었어요. 그러나 하나님의 뜻을 분명히 알았기에 힘을 사용하지 않고, 힘겨운 순종의 길을 택한 거였지요.

이런 다윗을 보며, 무얼 기대하게 되나요? 귀한 믿음의 결단을 한 그가 어서 축복받고 지위를 회복하는 것 아닌가요. 그러나 기대와 달리 다윗에게는 참혹한 현실이 펼쳐집니다. 그가 도망자의 삶을 살던 중에 하나님께 이렇게 고백합니다.

여호와여 내가 고통 중에 있사오니 내게 은혜를 베푸소서 내가 근심 때문에 눈과 영혼과 몸이 쇠하였나이다 내 일생을 슬픔으로 보내며 나의 연수를 탄식으로 보냄이여 내 기력이 나의 죄악 때문에 약하여지며 나의 뼈가 쇠하도소이다 내가 모든 대적들 때문에 욕을 당하고 내 이웃에게서는 심히 당하니 내 친구가 놀라고 길에서 보는 자가 나를 피하였나이다 **내가 잊어버린 바 됨이 죽은 자를 마음에 두지 아니함 같고 깨진 그릇과 같으니이다** 내가 무리의 비방을 들었으므로 사방이 두려움으로 감싸였나이다 그들이 나를 치려고 함께 의논할 때에 내 생명을 빼앗기로 꾀하였나이다 시 31:9-13

근심이 얼마나 깊었는지 눈과 영혼과 몸이 상했다고 말합니다. 삶에 슬픔과 탄식이 떠나지 않으니 병이 들고, 주변이 온통 대적들로 들끓고 있다고 고백합니다. 그로 인해 자신이 얼마나 지치고 초라해졌는지, 한때 친구였던 사람들이 자기를 보고는 놀라고, 길에서 만나는 사람들은 초췌한 자신의 몰골 때문에 피한다고 한탄합니다.

"사울이 죽인 자는 천천이요 다윗이 죽인 자는 만만이라"라는 찬가를 들으며 이스라엘 전역에서 명성을 얻었던 다윗인데, 이제는 죽은 사람이 잊히듯 사람들에게서 잊힌 신세가 되었음을 고백합니다. 그는 자신이 깨진 그릇, 파기와 같다고 말합니다. 깨진 그릇처럼 더 이상 쓸모없는 신세가 되었다고요.

만일 당신이 다윗의 신세라면 어떨 것 같나요? 이런 원망이 절로 나오지 않았을까요?

"하나님, 이게 뭐예요! 하나님만 의지하며 말씀대로 살고 순종의 길을 걸었는데, 지금 제 앞에 펼쳐진 이 상황은 뭔가요!"

사실 기도도 안 나올 것 같아요. 하나님을 떠나지 않은 것만으로도 대단해 보일 겁니다. 그런데 그 참혹한 상황에서 다윗이 하나님께 어떤 고백을 드리나요?

여호와여 **그러하여도** 나는 주께 의지하고 말하기를 주는 내 하나님이시라 하였나이다 시 31:14

그는 외쳐 고백합니다.

"그러하여도 주님은 나의 하나님이십니다!"

이해되나요? '그러하여도의 신앙'이 다윗에게 있었어요.

"하나님은 여전히 나의 하나님이십니다!"

다윗의 이 고백이 마치 복사해서 붙여넣기를 한 것처럼, 심한 매질을 당하고 옥에 갇히고도 변함없이 하나님을 찬양한 바울에게서 보입니다. 이것이 예배자의 고백입니다.

20대에 한 선교사님의 설교를 들었습니다. 선교사님은 아프리카에서 우물 파는 사역을 했는데, 그 삶의 간증을 나눠주었습니다.

현실적인 상황이 아주 어려웠을 때, 하나님께서 말씀을 배우라는 마음을 주셔서 힘겹게 미국으로 공부하러 갔대요. 재정이 궁핍해서 많은 고생을 하며 공부를 이어갔다고 해요.

선교사님은 허리 디스크로 인한 통증이 심했는데, 미국 의료비가 비싸서 병원에 못 가고 집에서 반신욕으로 겨우 버티며 공부를 했다고 합니다. 그런데 인생이 그렇잖아요. 어려운 일이 한꺼번에 몰려온 겁니다.

어느 날, 한국에 있는 어머니가 위중하다는 소식을 듣게 됩니다. 그런데 어머니를 돕기는커녕 한국에 갈 항공권을 살 여유조차 없더랍니다. 게다가 허리 통증은 심해져서 서 있기도 힘든 상태였고요.

앞이 캄캄하고 마음이 어려웠다고 해요. 그래서 선교사님은 성경책을 들고 소리쳐 기도할 곳을 찾기 시작했습니다. 찾다 보니 학교 캠퍼스 한구석에 폐차된 통학버스가 보이더래요. 그 버스 안으로 들어가서 울부짖으며 소리치기 시작했대요.

저는 이 대목에서, "하나님, 왜 제게 이런 고난을 주시나요! 왜 도와주지 않으시나요!" 이런 원망이 쏟아졌겠구나, 싶었어요. 그런데 선교사님의 이어지는 고백을 들으며 머리를 한 대 얻어맞은

듯한 충격을 받았습니다. 이렇게 외치기 시작했대요.

"하나님! 하나님은 여전히 전능하십니다! 하나님은 여전히 찬양받기 합당하십니다! 하나님은 제 삶의 전부이십니다!"

그러면서 선교사님이 제게 도전했습니다. 평생을 찬양해도 부족하지 않은 연료를 이미 예수님이 십자가 위에서 다 주셨으니, 우리의 예배는 언제나 변함이 없어야 한다고요!

선교사님의 그 고백이 옳다는 것을 다윗과 바울이 보여주고 있어요. 다윗도, 바울도 예수님의 그림자입니다. 예수님도 십자가에서 자신을 드리며, 하나님을 향한 변함없는 사랑을 나타내셨지요. 고난의 시간을 찬양으로 빛내는 것이 예배입니다.

시편 34편에는 다음과 같은 소제목이 달려 있어요.

"다윗이 아비멜렉 앞에서 미친 체하다가 쫓겨나서 지은 시."

왕 사울이 다윗을 죽이고자 혈안이 되어 있으니 유대 땅에 안전한 곳이 없는 거예요. 그래서 다윗은 위험한 길을 택합니다. 적국이던 블레셋의 가드 왕국으로 도망쳤어요. 이런 선택을 할 정도로 이스라엘에서 다윗의 상황이 위태로웠지요.

다윗은 블레셋으로 도망치면 아무도 자신을 못 알아볼 거라고 생각했습니다. 그런데 예상과 달리 가드 사람들이 그를 알아보고는 신고합니다. 결국 다윗은 블레셋 가드 왕국의 아기스 왕 앞에 서게 돼요('아비멜렉'은 당시 블레셋 왕들에게 사용된 칭호였어요).

블레셋 사람들에게 죽임당할 위기에 처한 다윗이 갑자기 미친 척을 하기 시작합니다. 얼마나 세밀하게 연기했는지 문짝에 낙서하고, 수염에 침을 흘리면서 미친 척 행동합니다. 그러자 아기스 왕이 미친 자에게는 관심 없다며 그를 내쫓습니다. 겨우 목숨을 부지한 다윗이 올려드린 고백이 다음 구절입니다.

내가 여호와를 항상 송축함이여 내 입술로 항상 주를 찬양하리이다 내 영혼이 여호와를 자랑하리니 곤고한 자들이 이를 듣고 기뻐하리로다 나와 함께 여호와를 광대하시다 하며 함께 그의 이름을 높이세 시 34:1-3

다윗이 간신히 목숨을 건지고 흘린 침을 닦고서 외친 하나님을 향한 고백입니다. 오직 감사와 찬양만 있을 뿐, 어떤 원망도 없어요. 이것이 찬양이요 예배입니다.

예배는 광야에서 더욱 빛을 발합니다. 이런 예배의 걸음을 통해 하나님은 그분의 백성을 담대하게 세우십니다. 출애굽 한 이스라엘 백성을 광야로 이끄시고, 예배를 배우게 하신 하나님이 우리 믿음의 시선 위에 새겨져야 합니다.

찬양, 광야에서 외쳐 부르다

2001년 가을, 예수전도단 홍천 DTS에서 처음으로 예배에 관한 강의를 했습니다. 감사하게도 20대 중반에 예배를 주제로 도전할 수 있는 기회를 얻었지요.

그때 바로 이 말씀, '바울과 다윗의 예배'에 관해 나누었습니다. 예배자는 광야에서 예배의 빛을 발해야 한다고, 삶이 아무리 힘들고 어려워도 "여호와여, 그러하여도!"를 외쳐야 한다고, 모두에게 찾아오는 고난의 시간을 피할 수는 없지만, 그 속에서 변치 말고 하나님을 높여드리자고 도전했어요. 얼마나 큰 은혜와 격려를 누리는 시간이었는지 모릅니다.

그때가 제가 홍천 DTS에서 간사로 2년간 섬기는 마지막 기간이었습니다. 간사로 섬기기 위해 다니던 신학교를 자퇴할 무렵엔 주변에서 염려와 걱정의 소리가 많이 들려왔어요. 부모님의 반대가 가장 심했지요. 하지만 저는 마음을 확정하려고 바울 흉내를 내며 머리를 아주 짧게 자르고는 홍천 산골짝으로 들어갔습니다.

간사로 섬긴 2년이 절대 쉽진 않았지만, 그곳에서 한 사람, 한 사람이 복음 안에서 어떻게 변화되는지, 내면의 연약함과 상처가 어떻게 치유되는지를 경험했어요. 신학 공부만으로는 배울 수 없는 부분을 몸소 경험하고 도전받았지요.

물론 그곳은 홍천 터미널에서도 산속으로 1시간이나 들어가야 했기에 환경이 열악하고 제한적이어서 참 쉽지 않았어요. 무엇보다 산속에서 지내는 저를 답답해하며 안타깝게 바라보던 부모님과 주변 사람들의 시선이 힘들었지요. 그래도 감사한 게 많았고, 은혜가 컸습니다.

홍천에서의 사역을 마치고, 다음날이면 그곳을 떠나 고향 대전으로 향하는 마지막 날이었습니다. 다른 간사님들과 야식을 시켜 교제하며 아쉬움을 달래던 그 밤에, 마치 영화처럼 전화가 걸려왔습니다. 아버지가 쓰러졌다는 소식이었어요.

다음날 정신없이 병원에 가보니, 아버지는 미미한 뇌경색이 왔다며 저를 웃으면서 맞아주었습니다. 하지만 그날 저녁부터 뇌경색 쇼크가 수차례 오더니, 아버지는 아주 심각한 상황에 놓이게 되었지요.

왜 이런 일이 일어났는지 알아봤더니, 아버지가 투자를 잘못해서 모든 재정을 탕진한 거였어요. 큰돈 모으는 게 평생의 목표였던 아버지 눈앞에서 가게와 집을 제외한 모든 재산이 한순간에 사라지니, 그 충격으로 쓰러진 거였지요. 결국 아버지는 여생을 오른쪽 마비인 채로 지냈고, 언어 장애까지 와서 "어", "아니" 정도만 말할 수 있었습니다.

홍천 DTS 사역을 마치면 하나님께서 큰 격려를 해주실 거라는 기대가 있었어요. 그런데 제 앞에 펼쳐진 건 광야였습니다. 이후 신학교에 재입학했기에 낮에는 학교에 가고, 저녁에는 아버지를 돌보기 위해 병원에 있고, 주중에는 선교단체 지부 사역을 하고, 주말에는 교회 전도사로 섬기며 지냈습니다.

쓰러져 있는 아버지를 보면 눈물이 흘렀어요. 집안에 돈이 없는 현실을 마주하면 커다란 두려움이 저를 짓눌렀어요. 믿음이 있던 어머니마저 눈물을 흘리며 이렇게 말했지요.

"태재야, 네가 하나님께 그렇게 헌신하고 순종하며 나아갔는데, 왜 이런 일이 일어나는 거니…."

제가 할 수 있는 건 같이 우는 것뿐이었어요. 그렇게 3개월이 지났을 무렵, 제 안에 쓴물 같은 고백이 나오기 시작하더군요.

"하나님, 이게 뭐예요! 하나님께서 말씀하셔서 순종했는데, 지금 이 상황은 뭔가요!"

마음이 정말 힘들었어요. 게다가 제가 대전에 와서 섬기게 된 교회는 막 개척해서 성장하는 상가 교회였어요. 당시 다른 교회들은 빔프로젝터를 사용해 예배를 진행했는데, 이 교회는 여전히 OHP 영사기를 사용했지요. 악기도 조율이 안 된 피아노가 전부였어요. 하나님께서 저를 더 힘든 상황과 환경으로 몰아넣으시는 것만 같았습니다.

그런 마음으로 어느 주일 아침에 1부 예배 찬양 인도를 하기 위해 예배당 앞에 섰습니다. 그날따라 예배당에 앉아있는 회중의 수보다 얼마 되지 않는 찬양팀의 수가 더 많은 거예요. 이건 경험해 본 사람만 알 거예요. 찬양이 시작돼도 찬양팀과 회중이 서로 어색해서 시선을 75도 위 먼산만 보며 찬양하게 됩니다.

그때 부른 찬양이 〈내 평생 사는 동안〉이었습니다. 그런데 갑자기 너무도 분명한 성령의 감동이 임하기 시작했습니다.

'태재야, 지금이야! 네가 그렇게 외쳤던 다윗과 바울의 고백을 올려드릴 때가 바로 지금이야!'

강력한 성령의 감동에 눈물이 앞을 가렸습니다. 저는 찬양을 인도하던 중에 이렇게 외치기 시작했지요.

"하나님! 여전히 하나님은 나의 하나님이십니다!"
"하나님! 여전히 하나님은 찬양받기 합당하십니다!"
"하나님은 좋으신 하나님이십니다!"
"하나님을 찬양합니다!"

선포와 함께 내면이 정리되었습니다. 그날 이후, 상황은 그대로였지만 제가 변했습니다. 눈물을 흘리며 힘들어하는 어머니에게 하나님의 선하심을 선포했어요. 온 가족이 영광 받으셔야 할 하나님을 높여드렸습니다.

상황은 바뀌지 않았지만, 우리의 예배가 바뀌자 가족도 변하기 시작했습니다. 어머니는 돈이 아닌 하나님만을 의지하며 믿음의 중심을 잡았고, 부모님 돈만 믿고 사업하겠다던 동생은 최선을 다해 성실하게 살았습니다.

무엇보다 주님이 아닌 술을 섬기던 아버지는 인생에 찾아온 가장 큰 어려움을 겪으며 예수 그리스도를 구주로 영접했고, 믿음의 삶을 살기 시작했지요. 그때부터 하나님의 부름을 받는 순간까지 어머니의 부축을 받으며 예배 자리를 놓치지 않았어요.

지금도 가족이 모이면 함께 예배하고 감사의 은혜를 나누면서 그때의 어려움을 이야기합니다. 그러면서 한결같이 그 시간이 우리에게 얼마나 필요했는지를 나누는 은혜를 누립니다.

찬양은 고난의 자리에서 빛을 발합니다. 광야에서야말로 찬양이 충만하게 울려 퍼져야 합니다. 꼭 그렇더군요. 어려움이 찾아오면 마치 기다렸다는 듯이 다른 어려움이 또 몰려옵니다.

바로 그때가 예배의 꽃을 피울 때입니다. 주님 안에서 담대하게 '그러하여도'의 신앙으로 예배 자리를 지키기를 바랍니다.

14 영원한 복음, 하나님을 경배하라

W O R S H I P

경배의 의미

예배에 대해 처음 나눌 때, 예배의 선명한 기준을 제시한 말씀
이 요한복음 4장 23절이었습니다.

아버지께 참되게 예배하는 자들은 영과 진리로 예배할 때가 오나니
곧 이때라 아버지께서는 자기에게 이렇게 예배하는 자들을 찾으시
느니라 요 4:23

당시 예수님은 사마리아 여인에게 '아버지께 참되게 예배하는
자들은 영과 진리로 예배할 때가 온다'라고 말씀하셨습니다. 이
때 "예배"로 번역된 헬라어 '프로스퀴네오'(προσκυνέω)는 예배 전
체를 가리킬 때 사용하는 단어가 아닙니다.

그러므로 형제들아 내가 하나님의 모든 자비하심으로 너희를 권하노니 너희 몸을 하나님이 기뻐하시는 거룩한 산 제물로 드리라 이는 너희가 드릴 영적 예배니라 롬 12:1

여기서 "영적 예배"의 '예배'라는 의미로 사용된 헬라어가 '라트레이아'(λατρεία)입니다. 이 단어는 하나님을 위해 봉사하는 것을 의미하는데, 특히 예배 전체를 통틀어 말할 때 쓰입니다.

반면에 '프로스퀴네오'는 예배의 특정한 부분과 장면을 묘사할 때 사용되지요. 예수님을 만나 놀라운 기적의 역사를 경험하며 그분의 경이로움에 사로잡혀 예수님 앞에 '엎드려 절하는 모습'을 가리켜 '경배한다'라고 표현할 때, 프로스퀴네오를 씁니다.

집에 들어가 아기와 그의 어머니 마리아가 함께 있는 것을 보고 엎드려 아기께 **경배하고** 보배합을 열어 황금과 유향과 몰약을 예물로 드리니라 마 2:11

동방박사가 아기 예수님을 만나서 그분께 경배했다는 대목에 프로스퀴네오가 사용되었지요.

배에 있는 사람들이 예수께 **절하며** 이르되 진실로 하나님의 아들이로소이다 하더라 마 14:33

예수님이 풍랑 중에 물 위를 걸어오셨을 때, 물 위를 걷던 베드로가 두려워하여 물에 빠지자 그를 건져주시고는 함께 배에 오르면서 풍랑이 잠잠해지는 기적이 일어납니다. 그러자 배에 있던 사람들은 너무나 분명한 예수님의 신성(神性)을 목격하고 그 경이로움에 사로잡혀 예수님에게 절하며(경배) 나아갑니다. 이때 '절하다'라는 의미로 쓰인 단어도 프로스퀴네오입니다.

요한계시록 5장을 보면, 사도 요한이 밧모섬에 유배되어 있을 때 예수님이 환상 중에 나타나 계시하신 것 중에 이런 내용이 있습니다. 일곱 인으로 봉해진 책을 뗄 수 있는 자가 인류를 심판할 자격이 있는데, 요한이 보기에 세상 어디에도 그런 존재가 보이지 않는 거예요. 그러자 요한이 낙심하여 크게 울기 시작합니다. 이때 장로 중 하나가 그에게 나타나서 말합니다.

"울지 말라. 유대 지파의 사자 다윗의 뿌리가 이겼으니 그 두루마리(책)와 그 일곱 인을 뗴시리라"(계 5:5).

바로 그때, 사도 요한이 네 생물과 장로들 사이에서 하나님의 보좌 앞에 서 계시는 어린양 예수님을 봅니다. 예수님은 보좌에 앉으신 하나님의 오른손에서 책을 취하시며, 세상의 심판주로 서게 되시지요. 일곱 인으로 봉인된 책을 뗄 심판의 자격을 가진 분이 바로 예수님이심을 요한이 환상 중에 본 거예요.

그리고 그는 심판주로 오실 어린양 예수님을 향해 예배하는 천상의 예배 장면을 봅니다.

큰 음성으로 이르되 죽임을 당하신 어린양은 능력과 부와 지혜와 힘과 존귀와 영광과 찬송을 받으시기에 합당하도다 하더라 계 5:12

하나님의 보좌 앞에 둘러선 능히 셀 수 없는 수많은 천사의 무리가 큰 음성으로 찬양과 영광을 올려드립니다. 인류의 죄를 사하시기 위해! 구원의 문이 되시기 위해! 십자가에서 죽임당하신 어린양 예수께 말이지요.

예수님의 행하심을 분명히 자랑합니다. 찬양이 일어납니다.

내가 또 들으니 하늘 위에와 땅 위에와 땅 아래와 바다 위에와 또 그 가운데 모든 피조물이 이르되 보좌에 앉으신 이와 어린양에게 찬송과 존귀와 영광과 권능을 세세토록 돌릴지어다 하니 계 5:13

모든 피조물이 보좌에 앉으신 이와 어린양에게 찬송과 존귀와 영광과 권능을 돌려드리며 온전한 찬양을 드립니다. 그러고 난 후 장면이 이어집니다.

네 생물이 이르되 아멘 하고 장로들은 엎드려 **경배**하더라 계 5:14

"네 생물"은 이 땅의 피조물을 상징하고, "장로들"(이십사 장로)은 신실하게 믿음을 지켜낸 선조들을 상징합니다.

하나님의 피조물을 상징하는 네 생물이 그 모든 광경 속에서 "아멘"을 외칩니다. 함께 동의한다는 고백을 드리며 어린양 예수님을 예배합니다. 그리고 장로들은 어린양 예수께 찬송과 영광과 존귀와 능력을 올려드리는 데서 멈추지 않고 엎드려 경배하기 시작합니다. 이때의 "경배"가 바로 '프로스퀴네오'입니다!

프로스퀴네오는 하나님께 전심으로 엎드려 경배하는 모습으로 나아갈 때 사용됩니다. 찬양과는 분명히 구분되는 경배의 시간인 거지요. 이는 '하나님을 예배하는 또 하나의 방법'으로 볼 수 있습니다.

앞서 예배는 크게 '감사'와 '찬양'과 '경배'로 이어진다고 말했습니다. 예배 속에 감사도 있고, 찬양도 있고, 경배, 바로 프로스퀴네오의 시간도 있습니다.

우리는 유일한 예배의 대상이신 하나님의 행하심을 기억하고, 감사하고, 찬양하면서 하나님의 좋으심과 위대하심 앞에 감격하고 감탄하게 됩니다. 감사와 찬양을 통해 그분을 기억하고 높여드리는 과정에서 우리의 마음이 주님을 향해 더 강력하게 일어나기 시작하지요. 그런 감격과 감탄 속에서 우리는 하나님의 하나님 되심을 바라보며, 엎드려 경배하는 프로스퀴네오의 시간을 누리게 됩니다.

경배는 예배의 마지막에만 드리는 게 아닙니다. 찬양을 시작하면서도 경배가 일어날 수 있습니다. 대표 기도를 하며 하나님께 마음을 드리는 순간에도 경배가 일어날 수 있어요. 설교 시간에 선포되는 말씀에서 하나님을 소개하고 자랑할 때 우리의 마음이 '프로스퀴네오' 할 수 있습니다. 설교 후 함께 찬양하고 기도하는 시간에도 마찬가지예요.

이 경배의 시간을 이해하기 쉽게 설명해 볼게요. 찬양이 하나님의 행하심에 초점을 맞춘다면, 성경에서 발견되는 경배의 시간은 하나님의 성품과 그분 자체에 초점을 맞춥니다. 우리가 즐겨 부르는 찬송가의 고백처럼, 찬양하며 주님 앞에 나아가다 보니 세상과 나는 간 곳 없고 구속하신 주님만 보이는 바로 그 지점에서 프로스퀴네오, 곧 경배를 하나님께 드리는 거지요.

하나님을 찬양할 때 어떻게 나아가나요? 무거운 짐을 그대로 진 채로, 하나님의 행하심을 기억하며 전심으로 찬양할 때가 많습니다. 그런데 예배가 참 놀라운 것이, 하나님께 찬양하며 나아가다 보면 더 이상 자신의 어떠함이 보이지 않는 은혜의 지점에 다다릅니다. 심지어 하나님이 행하신 일들도 뛰어넘어, 하나님 자체에 시선을 집중하게 되지요. 바로 프로스퀴네오, 경배의 시간입니다.

찬양과 경배는 분명한 차이가 있습니다. 찬양은 우리가 하나님께 일방적으로 드리는 시간이지만, 경배는 하나님과 우리의 쌍방향 소통입니다. 찬양은 의지와 노력이 필요하지만, 경배는 오히려 마음을 풀어놓고 그저 하나님께 집중하며 그분을 누리는 시간입니다.

단, 찬양과 경배는 아주 밀접하게 연결되어 있어요. 찬양하다가 경배를 드릴 수 있고, 경배하다가 찬양이 터져 나올 수도 있지요. 하나님을 경배하기 시작하면, 나에게만 집중하던 시선이 하나님의 위대하심 앞에 감복하며 엎드리게 되는 역사가 일어납니다.

성경 속 우상숭배의 장면을 보면, 대부분 우상숭배 앞에 "자기를 위하여"라는 말이 붙습니다. 본래 사람은 하나님을 경배하고 섬기며 그분의 뜻을 따라 살도록 지음 받았습니다. 그러나 아담의 범죄로 인류에 죄가 들어왔지요. 그러면서 하나님과 관계가 단절되었고, 사람은 하나님을 따르는 대신, 자신의 욕망과 이익을 좇게 되었습니다. 자기를 위하는 삶이 일반화되었지요.

이렇게 죄로 물든 세상에서 경배는 우리의 영적 시선을 바꿔줍니다. 내가 아닌, 이 세상 모든 것보다 귀하신 예수 그리스도를 바라보며, 하나님의 성품과 위대하심을 높여드리는 역사가 경배를 통해 일어나지요.

예배자는 반드시 경배의 시간을 경험해야 합니다. 그래야 영원한 가치를 이해하고, 예수님이 내 삶에 가장 소중한 분이라는 참된 인식이 이 시간을 통해 일어납니다.

경배로 나아가는 경로는 다양합니다. 기도를 통해서 경배가 일어날 수 있어요. 예배 안에 기도가 얼마나 중요한 위치를 차지하는지 모릅니다. 기도 가운데 하나님을 만나고 그분과 깊은 교제를 나누면 많은 부분이 정리됩니다. 이것을 흔히 "기도줄이 바뀐다"라고 말하지요.

내가 중요하다고 생각하는 걸 간구했는데, 하나님을 만나면서 정말 중요한 것이 무엇인지를 깨닫고 기도 방향이 바뀌는 거예요. 자아가 서슬 퍼렇게 살아있다가도 기도로 하나님의 마음을 알면 그분의 뜻 앞에 고꾸라지게 되지요. 이것이 바로 경배입니다. 기도 가운데 경배를 경험하는 거지요.

예배를 감사와 찬양과 경배로 구분했지만, 때로는 감사를 드리다가 경배에 이를 수 있고, 찬양을 시작하는 첫 순간부터 깊은 경배를 경험하기도 합니다.

일반적으로 찬양은 우리에게 행하신 하나님의 행사에 초점을 맞추어 드리는데, 그 순간부터 하나님을 경배하고자 하는 열정이 일어나면, 바로 하나님의 성품과 하나님의 하나님 되심을 높여드리며 경배의 자리로 나아갈 수 있습니다.

우리의 예배는 결국 '코람데오'(하나님의 존전에서, 하나님 앞에서)의 자리로 나아가는 것입니다.

프로스퀴네오! 이 경배의 시간을 누릴수록 이 땅을 살아가는 태도가 바뀝니다. 세상에서 살지만, 천국 시민으로서 살아내는 실제적인 힘이 경배의 자리에 임하지요.

결국 경배의 시간에 모든 시선이 하나님께 집중됩니다. 성경은 한결같이 이 시간에 하나님을 향한 경외심, 하나님의 성품과 하나님 되심을 노래하며, 최선의 고백으로 그분을 높여드립니다.

> 네 생물은 각각 여섯 날개를 가졌고 그 안과 주위에는 눈들이 가득하더라 그들이 밤낮 쉬지 않고 이르기를 거룩하다 거룩하다 거룩하다 주 하나님 곧 전능하신 이여 전에도 계셨고 이제도 계시고 장차 오실 이시라 하고 계 4:8

하늘에서 하나님의 보좌를 둘러싼 네 생물이 하나님을 경배하는 장면을 요한이 보고 기록한 말씀입니다. 이들은 하나님의 영광을 보자, 밤낮 쉬지 않고 노래합니다.

이처럼 하나님의 영광과 임재의 역사는 우리로 경배에 이르게 합니다. 하나님을 만나고, 하나님의 위엄을 간접적으로라도 경험하면 이런 고백을 드리게 되지요.

경배의 가치를 알아야 합니다. 모세의 성막 예배의 순서를 보세요. 제사장들은 예배에 임하기 전에 의복을 입고 정결 의식을 행합니다. 그리고 번제단에서 짐승에게 죄를 전가하여 제물로 바칩니다. 그 과정이 얼마나 복잡한지 모릅니다.

그다음 짐승의 피로 얼룩진 손을 물두멍에서 씻고 성소로 들어갑니다. 성소의 가장 안쪽에는 아침저녁으로 대제사장과 제사장이 향을 태우며 불을 올리는 분향단이 있고, 우편에는 매주 새것으로 교체하여 드리는 진설병 상이 있고, 왼편에는 한순간도 꺼뜨리지 않고 성소를 밝히는 등잔대가 있습니다.

성소를 지나, 대제사장만이 1년에 한 번 이스라엘 백성의 죄를 속하기 위해 지성소로 들어갑니다. 지극히(가장) 거룩한 곳이라고 해서 '지성소'입니다. 그곳에 있던 언약궤 앞에서 대제사장은 하나님의 임재를 경험합니다.

왜 성막에서 이리도 복잡하고도 많은 순서가 필요했을까요? 하나님의 임재가 있는 지성소에 들어가기 위함이었습니다. 아담으로 인해 시작된 죄의 문제로 사람이 하나님을 바로 뵐 수 없었기에, 합법적으로 하나님과 만날 수 있는 길을 하나님께서 직접 제시해 주신 결과물이 성막이었지요. 그러니 지성소에 이르기까지 죄의 문제를 다루는 과정이 필요했습니다. 죄의 문제를 임시로 해결하고서야 지성소에 들어가 하나님의 임재를 경험할 수 있었지요. 이 지성소의 시간이 바로 경배의 시간이었어요.

영원한 복음

여기서 중요한 사실이 있습니다. 만약 우리 죄의 문제가 완전히 해결된다면, 성막에 무엇만 남을까요? 지성소만 남겠지요. 죄의 문제가 없으니 언제라도 하나님을 뵐 수 있는 상황이 펼쳐질 거예요. 이 사실을 기억하면서, 성경이 말씀하지만 우리에게는 익숙하지 않은(?) 복음을 살펴보도록 하겠습니다.

하나님의 말씀인 성경에서 발견되는 또 하나의 복음이 있습니다. 요한계시록 13장을 보면, 예수님의 재림 직전에 적그리스도의 등장과 교회를 향한 핍박이 있을 거라고 예언합니다. 세상은 우상에게 절한 모든 사람에게 666표를 이마나 손목에 주어 모든 물물을 통용하게 할 거라고요.

그때 우상에게 절하지 않는 성도에게는 고통의 시간이 찾아오는데, 하나님께서 천사를 보내서서 '영원한 복음'을 선포하게 하실 것입니다.

또 보니 다른 천사가 공중에 날아가는데 땅에 거주하는 자들 곧 모든 민족과 종족과 방언과 백성에게 전할 **영원한 복음**을 가졌더라

계 14:6

적그리스도의 등장으로 세상이 극단적으로 하나님을 반대하는 길로 갈 때, 하나님께서 천사를 통해 모든 민족과 종족과 방언과 백성에게 "영원한 복음"을 전하시겠다고 말씀합니다. 영원한 복음, 'The Everlasting Gospel'의 내용이 7절에 이어집니다.

그가 큰 음성으로 이르되 하나님을 두려워하며 그에게 영광을 돌리라 이는 그의 심판의 시간이 이르렀음이니 하늘과 땅과 바다와 물들의 근원을 만드신 이를 **경배**하라 하더라 계 14:7

세상 권세를 다 가진 것처럼 보이는 적그리스도를 두려워하지 말고, 하나님만 두려워하고, 그분께만 영광 돌리며, 온 세상을 창조하신 그분만을 경배하라는 것이 영원한 복음의 선포입니다. 이때의 "경배"도 당연히 프로스퀴네오입니다.

왜 이 내용을 "영원한 복음"이라고 했을까요? 이 표현이 참으로 놀라운 진리를 전해줍니다.

예수님이 이 세상의 심판주로 오시면, 생명책에 기록된 믿음의 성도는 부활의 몸을 입고 새 하늘과 새 땅으로 들어가 영원히 예수님과 왕 노릇 하며 거할 것입니다.

그때는 죄로 인해 필요했던 율법이나 십자가 복음이나 성경 말씀도 그 사명을 다할 거예요. 우리가 하나님과 얼굴을 마주하며 그분과 함께 거할 것이기 때문입니다. 그러면 우리에게는 하나만 남습니다. 바로 영원한 복음이 담고 있는 메시지이지요.

"온 세상의 창조주이신 하나님을 경배하라!"

'하나님만 경배하라'라는 내용은 새 하늘과 새 땅에서도 여전히 필요한 최고의 주제로 남을 것입니다. 그래서 '영원한 복음'이라고 표현하는 거지요. 이것이 경배의 영원한 가치입니다.

우리 교회의 비전 중 하나가 "영원한 복음을 향해"입니다. 영원히 사라지지 않을 가치인 하나님만 경배하는 것을 이 땅에서 누리며 살아가자는 의미예요. 예배 공동체로서의 정체성을 영원한 복음에 두고자 합니다.

그런데 언제 영원한 복음이 선포되나요? 적그리스도가 강력하게 세상을 붙잡는 때입니다. 이것은 무얼 의미할까요? 세상에서 가장 존귀하고 위대하신 하나님을 만나며, 하나님의 하나님 되심을 경배하는 시간을 누리지 않고는, 강력한 적그리스도와 세상의 도전을 교회가 결코 이겨낼 수 없음을 말해줍니다.

천사가 전 세계의 살아있는 신앙인에게 선포합니다. 마지막 때가 이르면, 적그리스도와 함께 어둠이 최후의 발악을 하듯 세상을 뒤흔들겠지만, 그에 맞서서 하나님을 경배하는 강력한 예배 운동이 일어날 거예요. 경배는 우리의 힘입니다.

예전에 초등학생부터 고등학생까지 아이들을 데리고 영성 훈련을 하면서, 방학이 되면 전국으로 전도 여행을 다녔습니다.

한번은 리더들이 지치는 시점이 있었습니다. 아침에 모여서 회의하는데, 리더들 입에서 아이들과 함께하기 힘들다는 말이 나왔어요. 여기저기서 힘들었던 마음이 봇물 터지듯 쏟아졌지요. 삽시간에 분위기가 안 좋게 흘러갔는데, 그때 한 리더가 말했어요.

"그렇게 말하면 안 됩니다. 우리가 볼 때는 아이들이 형편없을

지 몰라도, 하나님의 시선은 우리와 같지 않을 겁니다. 그러니 우리의 판단을 내려놓고 하나님의 기대를 취해야 해요. 자, 여전히 일하실 하나님을 함께 찬양합시다!"

그러자 영적 분위기가 달라지는 게 느껴졌어요. 제가 기타를 잡고 찬양하기 시작했습니다. 모두 하나님을 바라보자는 의미로 〈거룩한 성전에 거하시며〉를 불렀지요.

"찬양 알렐루야 알렐루야 알렐루야~~~"

('할렐루야'는 히브리어 발음이고, 라틴어 '알렐루야'도 '하나님을 찬양하라'라는 같은 의미입니다.) 다 함께 전심으로 찬양을 올려 드렸습니다. 손을 들고 엎드리며, 하나님의 임재 안에서 그분을 바라보았지요. 그러면서 자연스럽게 신령한 노래와 자유로운 찬양이 일어났어요. 경배가 시작된 거예요.

그날의 깊은 예배 후, 상황은 변한 게 없지만, 예배자들의 중심이 바뀌었습니다. 모든 문제가 더 이상 문제가 되지 않았어요. 해결하고 극복하기 시작했지요. 다른 해결책은 없었습니다. 그저 하나님을 '프로스퀴네오' 하며 시선이 바뀌었을 뿐이었지요.

우리에게는 하나님을 경배하는 시간이 필요합니다. 날마다 더 깊은 경배를 삶에서 경험해야 해요. 돈, 사람, 권력, 세상의 어떤 것도 대안이 될 수 없습니다.

하나님을 경배하며 그 영원한 가치를 맛보지 못한다면,
하나님의 방법으로 승리의 걸음을 걷는 데
많은 한계를 만날 것입니다.
경배를 모르면 이겨낼 수가 없어요.

물론, 이미 경배의 시간을 누리고 있는 이들도 많을 거예요. 그런데 경배의 개념이 어색하고 낯설다면, 소망하며 간구해 보세요.
'하나님을 향한 경배가 깊어지게 하소서! 주님을 보고 주님을 알길 원합니다!'
우리를 구원하사 보좌에 앉으신 하나님만을 바라보는 은혜를 누리길 바랍니다.

15 거룩한 갈망: 주의 영광을 보이소서

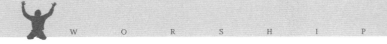

성경이 도전하는 하나님의 임재

시편 68편에 전쟁을 앞둔 다윗이 하나님 앞에 선포합니다.

하나님이 일어나시니 원수들은 흩어지며 주를 미워하는 자들은 주 앞에서 도망하리이다 시 68:1

전쟁을 앞두고 하나님을 갈망하며 놀라운 믿음의 선포를 하는 거예요. 그런데 이 고백은 사실 다윗의 고백이 아닙니다. 원래이 고백을 한 사람은 모세입니다.

광야의 이스라엘 백성에게 하나님의 언약궤는 하나님의 임재와 하나님의 인도하심을 나타내는 상징이었습니다. 이스라엘 백성이 머물던 곳을 떠나 하나님의 인도하심을 따라 새로운 행진을 시작할 때마다 모세는 모든 백성이 듣도록 하나님께 이렇게 간구했지요.

> 궤가 떠날 때에는 모세가 말하되 여호와여 일어나사 주의 대적들을 흩으시고 주를 미워하는 자가 주 앞에서 도망하게 하소서 하였고
>
> 민 10:35

광야는 수많은 적이 숨어있는, 생존의 위협이 도사리는 곳이었습니다. 그 위험한 걸음을 시작할 때마다 얼마나 많은 염려와 두려움이 있었겠어요. 하지만 모세는 그 모든 걸 떨쳐내고, 위대하고 강하신 하나님을 바라보며 간구하는 기도를 드린 거예요.

그리고 다윗이 이 기도를 말씀 속에서 발견하고는, 그 내용을 외워서 자신이 처한 상황에도 그 말씀에서 나타난 역사가 일어날 것을 신뢰하며 하나님께 그대로 선포합니다.

저는 성도들에게 '복사하기'와 '붙여넣기'를 잘해야 한다고 자주 말합니다. 하나님의 말씀을 그대로 복사해서, 삶의 자리에 붙여넣기를 해야 한다는 의미지요. 이는 실로 필요한 신앙의 자세입니다. 다윗이 그랬어요. 그는 모세 시대에 일어난 하나님의 역사를 자기 삶의 자리로 가져온 믿음의 사람이었지요. 그래서 전쟁의 때, 모세의 고백을 그대로 가져와 펼쳐놓은 거예요.

성경은 그런 힘이 있습니다. 성경은 과거 한때의 이야기를 전하는 말씀이 아닙니다. 지금도 살아서 역사하시는 하나님의 능력이에요. 성경에서 일어난 일은 오늘날 우리의 삶에서 그대로 아니, 그 이상으로 나타날 수 있습니다.

예수님도 제자들에게 말씀하셨어요.

내가 진실로 진실로 너희에게 이르노니 나를 믿는 자는 내가 하는 일을 그도 할 것이요 또한 그보다 큰일도 하리니 이는 내가 아버지께로 감이라 요 14:12

우리에게 믿음만 있으면, 성경의 역사는 복사해서 붙여넣기를 한 것처럼 오늘 우리 삶에 역사하시는 하나님의 능력이 됩니다. 저는 성경을 읽으면서 꺼지지 않는 갈망을 느낍니다. 하나님의 임재를 향한 갈망이지요.

성경을 보면, 우리와 똑같이 죄의 몸으로 태어났음에도 하나님의 실제적인 임재를 체험하며 누린 사람들의 이야기가 소개됩니다. 그런 말씀을 기록하여 우리에게 전해주시는 하나님의 뜻이 분명히 있습니다. 우리 삶에 복사해서 붙여넣으라는 도전이 말씀에 담겨 있는 거예요.

그중 하나님의 임재를 가장 생생하게 경험한 인물을 고르라면, 저는 당연히 "모세"라고 말할 겁니다. 모세는 하나님의 영광을 직접 보는 경험을 여러 차례 한 인물이니까요. 그가 하나님의 임재를 경험한 성경 속 장면을 살펴보겠습니다.

임재 1

모세는 하나님의 산, 호렙에서 떨기나무 가운데로부터 나오는 불꽃에서 여호와의 사자(여호와 하나님의 현현)의 임재를 경험합니다. 하나님은 눈에 보이는 불꽃 가운데 나타나셔서 모세에게 그분의 임재를 보이셨지요. 그렇게 모세를 향한 하나님의 부르심이 시작됩니다.

임재 2

출애굽 한 지 3개월이 되던 날, 하나님은 시내 광야에서 십계명과 성막의 청사진을 주기 위해 모세를 부르십니다. 모세만 시내 산 꼭대기로 부르시는데, 하나님께서 빽빽한 구름 중에 강림하시며 40일을 그와 함께 지내십니다.

우레와 번개가 치는 가운데 나팔 소리가 들리자, 백성은 무서워 떱니다. 하지만 모세는 연기가 자욱한 불 가운데 임재하시는 하나님을 시내 산 정상에서 만납니다. 이때 그는 아주 특별한 하나님의 임재를 경험하지요. 이 놀라운 경험은 시작에 불과했습니다.

임재 3

모세가 40일간 시내 산에 머무는 동안, 이스라엘 백성은 불안함 속에서 황금송아지 우상을 제작하는 악행을 저지릅니다. 산에서 내려온 모세는 돌판을 던져 황금송아지 우상을 깨뜨리고, 이후 우상의 편에 선 3,000명을 모두 처단합니다. 성경은 이것이 얼마나 끔찍하고 안타까운 일이었는지를 이렇게 설명합니다.

모세가 말하였다. "오늘 당신들이 저마다 자녀와 형제자매를 희생시켜 당신들 자신을 주님께 드렸으니, 주님께서 당신들에게 복을 내리실 것입니다." 출 32:29 새번역

지금 무슨 일이 벌어진 건가요? 우상을 섬기는 편에 선 3,000명 중에 자기 자녀와 형제자매가 있었던 거예요.

이 일 후에 이스라엘 백성의 상태가 어땠을까요? 승리의 기쁨은커녕 함께하던 이들을 처단한 것이기에 그 혼란과 어려움은 말로 표현할 수 없을 만큼 컸을 거예요. 이때 모세의 리더십에 엄청난 위기가 찾아옵니다.

출애굽기 33장을 보면, 우상 사건 이후에 하나님께서 모세에게 '이스라엘 백성을 약속대로 가나안 땅으로 인도하겠으나, 그들의 불순종으로 더 이상 그들과 함께하지 않겠다'라고 말씀하

십니다. 그러자 모세가 회막을 진영 밖에 세워 하나님과 대화하는 장소로 사용합니다. 그리고 귀한 중보기도를 하나님께 드리지요. 하나님이 함께하시지 않는 가나안 입성은 아무 의미가 없다고요.

"하나님의 임재가 없으면 우리는 다른 민족과 다를 것이 없습니다."

이 놀라운 고백을 하며 하나님의 동행을 간구합니다. 이스라엘만 그런 게 아니에요. 우리도 하나님의 임재가 없으면, 세상 사람들과 다를 바 없는 존재입니다.

이 중보기도를 통해 모세는 하나님을 향한 사랑뿐 아니라 이스라엘 백성을 향한 사랑도 드러냅니다. 모세의 간구를 들으신 하나님께서 말씀하십니다.

주님께서 모세에게 말씀하셨다. "내가 너를 잘 알고, 또 너에게 은총을 베풀어서, 네가 요청한 이 모든 것을 다 들어주마."

출 33:17 새번역

하나님께서 모세의 기도에 어찌나 감복하셨는지, 그가 요청한 모든 것을 들어주겠다고 하십니다. 이에 모세도 '내가 정말 바라는 것을 지금 말씀드려야겠구나' 싶었는지, 마치 기다리기라도 한 듯, 하나님께 자신의 소중한 청을 간구합니다.

모세가 이르되 원하건대 **주의 영광**을 내게 보이소서 출 33:18

이스라엘 백성을 이끌면서 모세에게 필요한 것이 얼마나 많았겠어요. 그런데 그가 무엇을 구했나요? '하나님의 영광'을 보고 싶다고 했어요. 이 간구에 대해 하나님께서 하시는 말씀을 보니, 모세가 그냥 하나님의 영광을 보고 싶다고 한 게 아니었어요. 그는 '하나님의 얼굴'을 직접 보고 싶다고 간구한 거예요.

모세는 이미 40일간 하나님의 영광의 임재를 경험하고 시내 산에서 내려왔습니다. 그 영광의 기운이 채 가시지도 않았는데, 모세가 소원이 있다며 구한 것이 하나님의 얼굴이었어요.

이게 바로 하나님의 영광의 힘입니다. 하나님의 임재를 제대로 경험하면, 하나님을 향한 더 깊은 갈망이 일어나요.

모세가 하나님의 영광을 보고 나자 세상의 어떤 것보다 귀하고 가치 있는 게 무엇인지를 알았어요. 하나님의 영광! 그 영광을 향한 갈망이 시작된 것입니다.

하나님께서 모세의 간구에 응답하세요.

여호와께서 이르시되 내가 내 모든 선한 것을 네 앞으로 지나가게 하고 여호와의 이름을 네 앞에 선포하리라 나는 은혜 베풀 자에게 은혜를 베풀고 긍휼히 여길 자에게 긍휼을 베푸느니라 또 이르시되 네가 내 얼굴을 보지 못하리니 나를 보고 살 자가 없음이니라 여호와께서 또 이르시기를 보라 내 곁에 한 장소가 있으니 너는 그 반석 위에 서라 내 영광이 지나갈 때에 내가 너를 반석 틈에 두고 내가 지나도록 내 손으로 너를 덮었다가 손을 거두리니 네가 **내 등을 볼 것 이요** 얼굴은 보지 못하리라 출 33:19-23

하나님의 영광을 바라고 소망한 모세에게 하나님은 최선을 다해서 영광을 보이십니다. 단, 하나님의 얼굴은 볼 수 없다고 하세요. 사람에게 여전히 죄의 문제가 있기에 거룩하신 하나님을 직접 뵈면 죽음을 피할 수 없다고 하십니다. 대신 하나님의 "등"을 보여주겠다고 하세요. 너무나 놀라운 모습입니다.

하나님께서는 최선을 다해 하나님을 갈망하는 백성에게 당신을 보이십니다. 이 간구를 통해 모세는 하나님의 영광스러운 뒷모습을 살아서 보는 엄청난 영광을 누리지요. 그런데 하나님의 영광을 경험하는 여정을 여기서 멈추지 않습니다.

임재 4

출애굽기 34장을 보면, 모세가 다시 십계명을 받기 위해 시내 산에 두 돌판을 가지고 오릅니다. 그리고 더 깊은 하나님의 임재를 경험하지요. 모세가 하나님과의 만남 속에 머물다가 시내 산에서 내려오자, 그의 얼굴에서 영광의 흔적인 광채가 납니다.

모세가 그 증거의 두 판을 모세의 손에 들고 시내 산에서 내려오니 그 산에서 내려올 때에 모세는 자기가 여호와와 말하였음으로 말미암아 **얼굴 피부에 광채가 나나** 깨닫지 못하였더라 출 34:29

모세는 얼마 전에 하나님의 등을 보았어요. 그런데 거기서 멈추지 않고, 시내 산에서 더 깊은 하나님의 임재를 경험합니다. 그 임재가 얼마나 강력하고 놀라웠는지 모세의 얼굴 피부에서 광채가 났지요. 최고의 피부 관리를 어디서 받을 수 있을까요? 바로 경배의 자리에 머물 때, 우리 얼굴이 빛날 줄 믿습니다.

모세의 얼굴에서 광채가 나자, 사람들이 눈부셔하며 두려워서 수건으로 얼굴을 가립니다. 모세와 하나님과의 만남이 이전보다 한 차원 업그레이드된 거예요. 그런데 모세는 여기서도 멈추지 않습니다.

임재 5

출애굽기 40장을 보면, 성막이 완성되어 하나님을 예배하는 장면이 나옵니다. 성막은 실로 엄청난 헌신과 수고와 열정을 쏟은 결과물이었지요. 모세는 성막이 완성되자 성막 봉헌식을 드립니다. 성막의 완성은 이스라엘 백성에게만이 아니라 하나님께도 큰 기쁨이었지요. 이제 합법적으로 이스라엘 백성 위에 임재하실 수 있는 길이 열렸기 때문입니다.

그러자 이런 일이 벌어져요.

구름이 회막에 덮이고 여호와의 영광이 성막에 충만하매 **모세가 회막에 들어갈 수 없었으니** 이는 구름이 회막 위에 덮이고 여호와의 영광이 성막에 충만함이었으며 출 40:34,35

하나님의 임재가 얼마나 실재적이고 충만한지, 모세가 성막에 들어가질 못합니다. 아예 하나님께서 먼저 충만하게 임재하시고, 영광 가운데 드러나세요. 그리고 그 영광이 구름 기둥과 불기둥이 되어 이스라엘 백성을 이끕니다(출 40:37,38).

주의 영광을 내게 보이소서

모세가 경험한 하나님의 임재에는 특징이 있습니다.

첫째, 하나님의 임재의 영광이 추상적인 수준에서 실재적인 수준으로 바뀝니다. 처음에 하나님은 모세에게 떨기나무에 붙은 불을 통해 임재하셨어요. 이후 모세는 하나님의 영광을 점점 더 실제로 경험하기 시작합니다.

하나님은 그분을 사모하고 갈망하는 자에게 더욱 구체적으로 영광을 보이세요. 하나님의 임재의 깊이와 너비가 더 커집니다.

그리고 하나님의 임재는 이스라엘 회중에게도 더 가까이 다가옵니다. 산에 올라가야만 볼 수 있던 하나님의 영광이, 시간이 지나자 이스라엘 진중에 나타나지요.

하나님의 영광의 임재가 당신 안에 계속 업그레이드되기를 갈망하세요.

둘째, 하나님께서는 하나님의 임재를 향한 모세의 열정에 최선을 다해 응답하셨어요. 안 된다고 하지 않으시고, 친히 응답하사 그분의 영광을 보이셨습니다.

모세의 이 걸음을 우리 삶에 복사해서 붙여넣어야 한다고 믿습니다. 저는 하나님의 영광을 보고 싶어요. 이전에 경험한 영광의 기억에 만족하고 싶지 않아요. 더 사모하며 나아갈 것입니다.

어떻게 하나님의 영광을 경험할 수 있을까요? 완공된 솔로몬 성전의 봉헌 예배 내용을 담고 있는 역대하 5장의 12-14절을 보면, 또 다른 특별한 하나님의 임재가 나타납니다.

솔로몬 즉위 4년 만에 성전 건축이 시작됩니다. 이는 출애굽한 지 약 480년이 지난 시점이었어요. 그리고 약 7년 후에 성전이 완공됩니다.

노래하는 레위 사람 아삽과 헤만과 여두둔과 그의 아들들과 형제들이 다 세마포를 입고 제단 동쪽에 서서 제금과 비파와 수금을 잡고 또 나팔 부는 제사장 백이십 명이 함께 서 있다가 나팔 부는 자와 노래하는 자들이 일제히 소리를 내어 여호와를 찬송하며 감사하는데 나팔 불고 제금 치고 모든 악기를 울리며 소리를 높여 여호와를 찬송하여 이르되 선하시도다 그의 자비하심이 영원히 있도다 하매 그때에 여호와의 전에 구름이 가득한지라 제사장들이 그 구름으로 말미암아 능히 서서 섬기지 못하였으니 이는 여호와의 영광이 하나님의 전에 가득함이었더라 대하 5:12-14

12절에, 하나님을 찬양하는 사람들이 소개됩니다. 레위 사람 아삽과 헤만과 여두둔과 형제들이 악기를 들고 나팔을 부는 전문가 120명과 함께 서 있다가 일제히 소리를 내어 하나님을 찬양하기 시작합니다.

여기 등장한 사람들은 솔로몬의 아버지 다윗 시대부터 다윗의 장막에서 하나님을 예배하며 이미 하나님의 깊은 임재와 영광을 경험한 사람들이었지요. 하나님의 임재를 수없이 경험한 능숙한 예배자들이었습니다.

하나님의 전인 성전이 완공되고, 다윗의 장막에서부터 사역하던 예배자들이 하나님을 예배하기 시작하자 여호와의 전에 구름이 가득했고(시각적인 현상), 제사장들이 능히 서서 섬기지 못할 정도로 실재하는 영광을 모두가 온몸으로 느끼며 엎드려 하나님을 예배합니다.

하나님의 강력한 임재가 예배 장소를 덮으면 이런 특별한 일을 경험하게 되지요. 어떻게 이런 일이 일어났을까요?

이때에는 제사장들이 **그 반열대로 하지 아니하고** 스스로 정결하게 하고 성소에 있다가 나오매 대하 5:11

제사장들이 그 반열대로 하지 않았다는 의미는 그들이 다윗의 장막에서 예배하며 섬기던 순서대로 하지 않았다는 거예요. 이전의 경험에 묶이지 않고, 하나님의 세밀한 감동을 따라, 더욱 새로운 하나님의 이끄심을 따라 예배하기 시작한 거지요. 기가 막힐 정도로 놀라운 부분이에요.

모든 제사장이 하나님의 감동을 따라 성전에서 자신을 성결케하며 하나님께 나아갔습니다. 그러자 하나님은 성전에서 강력한 그분의 임재의 영광을 나타내십니다. 이때 나타난 영광은 아주 특별했어요. 14절을 보면, 제사장들이 성전에 가득한 구름으로 인해 서서 섬기지를 못하고 모두 엎드렸다고 합니다. 그 구름이 일반적인 구름이 아닌 하나님의 영광의 형상이었기 때문이지요.

모세도 그렇고, 솔로몬 시대에 예배를 섬기던 제사장과 레위인들도 특별한 하나님의 임재를 경험했습니다. 그리고 성경은 이 특별한 임재의 역사를 우리에게 전해줍니다. 왜일까요?

우리는 알아야 합니다. 하나님께서 이 세상 그 누구보다 '우리'를 더 깊이 만나길 원하신다는 것을요. 그분은 모세나 솔로몬 시대의 예배자들보다 하나님의 형상을 회복한 예배자들과 더 깊은 관계를 누리길 원하세요.

모세의 성막이 완성되었을 때, 그가 성막에 들어가기도 전에, 이미 하나님의 영광이 성막 전체를 가득 채웠습니다. 더 이상 시내 산으로 부르지 않아도 이스라엘 곁에서 그들을 만날 길이 열렸기에 하나님께서 너무나 기쁘셨던 거예요. 주체할 수 없는 기쁨을 드러내신 겁니다. 표현이 조심스럽지만, 찬양의 의미인 '바보스러울 정도로 시끄럽게 하는 일'을 하나님께서 이스라엘 백성에게 보이신 거지요.

솔로몬 시대의 성전 봉헌 예배 때, 가득한 구름으로 임재하신 타이밍을 보세요. 드디어 하나님의 집이 이 땅에 정식으로 만들어진 거예요. 이에 하나님께서 어찌나 기쁘셨는지, 성전을 구름으로 가득 채우십니다. 그분의 특별한 임재를 보이셨어요.

우리가 상황만 만들면, 하나님께서는 기쁨으로 역사하십니다. 이런 특별한 임재의 역사가 성경에 기록된 이유는, 단순히 과거 사건을 기록하고 전하는 데 국한되지 않습니다. 우리 삶에 복사해서 붙여넣길 바라시는 도전이 담겨 있는 거예요.

하나님은 임재에 인색하지 않으세요. 우리가 하나님의 임재를 담을 그릇만 제대로 준비한다면, 그분의 얼굴을 보기 원했던 모세에게 최선을 다해 드러내 주셨던 것처럼, 우리에게도 그러실 겁니다. 중요한 건, 하나님의 영광을 향한 우리의 목마름이에요. 이 목마름은 그 영광의 맛을 조금이라도 경험할 때 시작됩니다.

> 나는 사람에게서 영광을 취하지 아니하노라 다만 하나님을 사랑하는 것이 너희 속에 없음을 알았노라 나는 내 아버지의 이름으로 왔으매 너희가 영접하지 아니하나 만일 다른 사람이 자기 이름으로 오면 영접하리라 너희가 **서로 영광을 취하고** 유일하신 하나님께로부터 오는 영광은 구하지 아니하니 어찌 나를 믿을 수 있느냐
>
> 요 5:41-44

패역한 세대는 하나님의 영광, 곧 그분의 존귀와 위엄을 구하지 않고, 자신의 영광과 서로의 영광만을 취합니다. 유일하신 하나님으로부터 오는 영광은 구하지 않아요.

세상의 영광만 취하려는 사람이 어찌 예수 그리스도를 믿을 수 있냐고 예수님이 말씀하십니다. 하나님의 영광을 구하지도, 경험하지도 못한 사람이 어찌 그분을 믿을 수 있냐고요.

하나님의 영광을 누려보지 못한 사람이 구하는 영광은 세상의 영광뿐인 거예요. 다시 말해, 세상 영광에 집착하는 이유는 하나님의 영광을 경험하지 못했기 때문입니다.

우리가 하나님의 영광을 누리기 시작할 때, 가치관이 바뀌고,

삶의 방향성이 변하고, 내면의 연약함마저도 치유되는 역사가 일어날 줄 믿습니다. 인생의 목표점이 바뀔 거예요.

지금 당신의 소원은 무엇입니까?

주의 궁정에서의 한 날이 다른 곳에서의 천 날보다 나은즉 악인의 장막에 사는 것보다 내 하나님의 성전 문지기로 있는 것이 좋사오니 여호와 하나님은 해요 방패이시라 여호와께서 은혜와 영화를 주시며 정직하게 행하는 자에게 좋은 것을 아끼지 아니하실 것임이니이다 만군의 여호와여 주께 의지하는 자는 복이 있나이다 시 84:10-12

시편 84편은 "고라 자손의 시"입니다. 고라의 후손은 성전에서 찬양과 예배드리는 일을 담당했던 레위 지파의 일원이었지요. 하나님을 예배하는 참맛을 경험한 고라 자손이 소원을 말합니다.

"주의 궁정에서의 하루가 다른 곳에서의 천 날보다 좋고, 악인의 장막에 사는 것보다 성전 문지기로 있는 것이 더 좋습니다!"

예배를 섬기며 하나님 만나는 은혜를 누렸던 고라 자손은 이 땅에서 구해야 할 영광이 무엇인지를 알았습니다.

예배 가운데 하나님의 임재의 은혜를 경험한 자는 더 큰 영광을 사모합니다. 세상이 절대 흉내 낼 수 없는 하나님의 임재의 가치를 알기 때문이지요.

제게는 소원이 있습니다.

하나님의 영광을 보는 것입니다.

이전에 경험한 것과는 비교할 수 없이

더 깊고 넓은 하나님의 임재, 그분의 영광을

이 땅에서 보는 것입니다.

예전 기억으로 만족하고 싶지 않아요. 평생 하나님을 존귀하게 해드리며, 그분의 임재와 영광을 더 깊이 보고 경험하며 살고 싶습니다. 이 땅을 살아가면서 하나님의 영광을 경험한 성경의 인물들처럼 말입니다.

하나님의 영광을 향한 갈망이 이 책을 읽는 모두에게 일어나기를 기도합니다.

내가 여호와께 바라는 한 가지 일 그것을 구하리니 곧 내가 내 평생에 여호와의 집에 살면서 여호와의 아름다움을 바라보며 그의 성전에서 사모하는 그것이라 시 27:4

하나님만 바라보는 시간

초판 1쇄 발행	2024년 10월 8일
지은이	이태재

펴낸이	여진구		
책임편집	김아진 정아혜		
편집	이영주 박소영 최현수 안수경 김도연		
책임디자인	이하은 노지현 | 마영애 조은혜		
홍보 · 외서	진효지		
마케팅	김상순 강성민	마케팅지원	최영배 정나영
제작	조영석 허병용	경영지원	김혜경 김경희

303비전성경암송학교 유니게 과정
이슬비전도학교 / 303비전성경암송학교 / 303비전꿈나무장학회

펴낸곳	규장

주소 06770 서울시 서초구 매헌로 16길 20(양재2동) 규장선교센터
전화 02)578-0003   팩스 02)578-7332
이메일 kyujang0691@gmail.com   홈페이지 www.kyujang.com
페이스북 facebook.com/kyujangbook   인스타그램 instagram.com/kyujang_com
카카오스토리 story.kakao.com/kyujangbook
등록일 1978.8.14. 제1-22

책값 뒤표지에 있습니다.
ISBN 979-11-6504-563-0 03230

규 | 장 | 수 | 칙

1. 기도로 기획하고 기도로 제작한다.
2. 오직 그리스도의 성품을 사모하는 독자가 원하고 필요로 하는 책만을 출판한다.
3. 한 활자 한 문장에 온 정성을 쏟는다.
4. 성실과 정확을 생명으로 삼고 일한다.
5. 긍정적이며 적극적인 신앙과 신행일치에의 안내자의 사명을 다한다.
6. 충고와 조언을 항상 감사로 경청한다.
7. 지상목표는 문서선교에 있다.

하나님을 사랑하는 자 곧 그의 뜻대로 부르심을 입은 자들에게는 모든 것이 合力하여 善을 이루느니라(롬 8:28)

Member of the
Evangelical Christian
Publishers Association

규장은 문서를 통해 복음전파와 신앙교육에 주력하는 국제적 출판사들의
협의체인 복음주의출판협회(E.C.P.A:Evangelical Christian Publishers
Association)의 출판정신에 동참하는 회원(Associate Member)입니다.